*Fritz Deppert/Christian Döring*
*Hanne F. Juritz (Hrsg.)*

*SpinnenNetzTage*

*Literarischer März 14*

Seit 1979 veranstaltet die Stadt Darmstadt im zweijährigen Rhythmus den *Literarischen März*, bei dem der *Leonce-und-Lena-Preis* für neue Lyrik vergeben wird. Der Literarische März bietet einen repräsentativen Einblick in die junge Lyrik unserer Zeit. Das Buch enthält die Gedichte der zum Vortrag eingeladenen LyrikerInnen, bio-bibliographische Daten, Fotos u.a.m.

Seit dem Literarischen März 7 (1991) erscheinen die Dokumentationen alle zwei Jahre bei Brandes & Apsel:

**In keiner Zeit wird man zu spät geboren**
Literarischer März 7 · Leonce-und-Lena-Preis 1991
228 S., Pb., ISBN 3-925798-06-4

**Jeder Text ist ein Wortbruch**
Literarischer März 8 · Leonce-und-Lena-Preis 1993
192 S., Pb., ISBN 3-86099-431-X

**Die Worte zurechtgekämmt**
Literarischer März 9 · Leonce-und-Lena-Preis 1995
160 S., Pb., ISBN 3-86099-445-X

**Kein Reim auf Glück**
Literarischer März 10 · Leonce-und-Lena-Preis 1997
192 S., Pb., ISBN 3-86099-460-3

**Stunden, die sich miteinander besprechen**
Literarischer März 11 · Leonce-und-Lena-Preis 1999
192 S., Pb., ISBN 3-86099-471-9

**ZungenZergang**
Literarischer März 12 · Leonce-und-Lena-Preis 2001
184 S., Pb., ISBN 3-86099-486-7

**Das Klirren im Innern**
Literarischer März 13 · Leonce-und-Lena-Preis 2003
248 S., Pb., ISBN 3-86099-499-9

*Das Hessische Ministerium für Wissenschaft und Kunst beteiligte sich an der Finanzierung des Literarischen März 2005*

Fritz Deppert/Christian Döring
Hanne F. Juritz (Hrsg.)

# SpinnenNetzTage

Literarischer März 14
Leonce-und-Lena-Preis 2005
Wolfgang-Weyrauch-Förderpreise 2005

Mit Gedichten von Gyde Callesen,
Renatus Deckert, Sabine Eschgfäller, Karin Fellner,
Gerald Fiebig, Andrea Heuser, Hendrik Jackson,
Adrian Kasnitz, Jörg Matheis, Christian Schloyer,
Katharina Schultens, Mikael Vogel, Ron Winkler

In Zusammenarbeit mit der Stadt Darmstadt

Brandes & Apsel

Auf Wunsch informieren wir regelmäßig über das Verlagsprogramm:
Brandes & Apsel Verlag, Scheidswaldstr. 33, D-60385 Frankfurt a. M.
E-Mail an: brandes-apsel@doodees.de
Internet: www.brandes-apsel-verlag.de

literarisches Programm 109

1. Auflage 2005
© Brandes & Apsel Verlag GmbH, Frankfurt am Main
Alle Rechte vorbehalten
Lektorat: Tobias Frisch und Volkhard Brandes, Frankfurt am Main
DTP: Tobias Frisch, Frankfurt am Main
Umschlag: MDDigitale Produktion, Petra Sartowski, Maintal
Umschlagabbildung: Jörn Heilmann, ohne Titel (Acrylfarbe auf Leinwand, 2003)
Druck: Tiskarna Ljubljana d. d., Ljubljana, Printed in Slovenia
Gedruckt auf säurefreiem, alterungsbeständigem und chlorfrei gebleichtem Papier.

Bibliografische Information Der Deutschen Bibliothek:
Die Deutsche Bibliothek verzeichnet diese Publikation in der Deutschen Nationalbibliografie; detaillierte bibliografische Daten sind im Internet über http://dnb.ddb.de abrufbar

ISBN 3-86099-509-X

## *Inhalt*

*Christian Döring*
Vorwort  11

*Gyde Callesen*
Einschnitt  15
Nostalgisch  16
Kalendarisch  17
Missverständnis  18
Odyssee  19
Häutung  20
größe  20
diagonal  21
und keine antwort  21
inschrift  22
hypothese  22
adagio  23

*Renatus Deckert*
13. August  27
Hinter Danzig  28
Manöver in Dresden  29
Endstation  30
Abgang  31
Fremdenverkehr  32

Winterreise   33
Unterwelt Moskau   34
Kalte Haut   35
Grosstädter   36
Stilleben   37


*Sabine Eschgfäller*
greislerladenspiel   39
diese hand   40
o(k)no *augenfenster*   41
einen stein zu beruehren, mit weißen streifen   42
du, ich mach dich   43
liebestier, das mich bewandert, dass   44
maehren ist ein land am meer   45
keine seele   46
chalupka (pro tebe)   47
jedno rano – ein oktobermorgen   48
maedchen im zoo, ein versuch   49
šmeralova 11 *felix*   50


*Karin Fellner*
Futter   51


*Gerald Fiebig*
agentur   59
freier texter   61
dub   62
echolalie   63
aus käfighaltung   64
richtmikrofon   65
tastatur   66
Ankunft Eines Zuges Im Bahnhof   67
london-by-the-sea   68

*Inhalt*

im bilde   69
weiße nacht   70
raufaser   72


*Andrea Heuser*

Nachtsicht   73
Lost things   74
Aurora   75
Die vier Ecken vom Wind   76
Deutscher Süden   78
Rewind   79
Gesichtet   80
Ich, Fliege   80
Notaufnahme   81
Erste Liebe   82


*Hendrik Jackson*

Wetterfelder/ Verschwommene Ränder   83
Wetterfelder/ freeze frame   87
Rauschen   91
Selbstportrait mit Sülze   92
Mittsommernachtstraum   93
Prag   94
Inventar der Welt   95


*Adrian Kasnitz*

dornen (ostseelied)   97
jalousie   98
theodoreninsel   99
francis bacon in siegen   100
rüschhaus   101
aus dem gebirgichten westfalen   102
hagen hbf.   103

limnigraph (luzern)   104
reigen   105
zu leugnende abschiede   106
fordwerke nord   107
wespen im glas   108


*Jörg Matheis*
Könnte sein ein Wisent   109
Nur noch das:   111
Aus dieser windigen Haut   112
Es zog über uns hinweg   114
Zieht sich also der Abend   115
Vögel überall   116
Die Obstbäume   117
Regenverdacht   118
Wo die Wolken aufbrechen   119
Dann sinken die Libellen   120


*Christian Schloyer*
& suche nicht nach murmeln im flussbett   121
ges-dur../ *für Gabriele*   122
eine zweite, fremdere bläue   123
unter großstadthimmeln   124
mars-hypothese:   125
kontroverse mit dem sonnenuntergang   / *für Fränk*   126
superman im september   127
rippe   128
diabolo   129
sine loco et anno   130
wirrungen:   / *für meine Schwester*   131
pluie   / *pour la petite m$^{lle}$*   132

*Inhalt*

*Katharina Schultens*
Korrespondenzen (Auszug)   133
    Tauwetter   134
    Bianciardi, es war doch so:   139
    Hanglage   137
    Mutter, sag   138
    Geröll, Viktoria   139
    laß uns mutmaßen, Viktoria   140
    Schwarm   141


*Mikael Vogel*
Keilen der Lüfte   143
Die Espenspurn   144
Die Stellen die Leere zum ewigen Trank   145
Die Höhen und Tödten der Wasser (die
                brütenden Kehraugen)   146
So wohnt ein Kiesel nur an einem   148
Die Schultern Gebirg   149
Die Nottriebe // Toten- / Fallpunkt der Vögel   151
In Tränen die Asche die ewige Bewegtheit von Tropfen   152
Die wilden Luftdocks, -revier   153
Gesang der Verzweigung / das venezianische Karussell   154
ist Holzfließen (das Silbern ein Verseen)   155
Zum Mandelstaub den du gabst /
              kastanienähnliches Haus   156


*Ron Winkler*
ländliche Elegie   157
an einem Wasser weder Fluss noch Teich   159
Provinz à la Trance   160
diagnostischer Seeaufenthalt   161
Reede der Rede   162
Insel, von Wind bewachsen   163

Bambuswinter, Paris 164
Hitze (Hitzacker) 165
einem Dorf im Schatten der Elbe 166
Wespenmantel 167
the poem has been drinking 168


*Autorinnen und Autoren 169*

*Lektorat 174*

*Jury 176*

*Ehrengast und Laudator 180*

*Leonce-und-Lena-Preis 1968-2005 182*

## Christian Döring
## Vorwort

»Dichter sind mitunter Sondengänger, die in den verdeckten Hinterlassenschaften der Jahrhunderte, der Jahrtausende herrumstöbern.« *Thomas Kling (5. Juni 1957 – 1. April 2005)*

Darmstadt setzt Maßstäbe – bloß haben das andere Städte in den deutschsprachigen Ländern, die Metropolen der Kultur spielen möchten, noch nicht bemerkt. Es mögen sich bitte die Lyrik lesenden Oberbürgermeister melden, deren Bekenntnis zur »Kultur als dem Humanum einer Stadt« sich in großzügigste finanzielle Förderung der Künste ummünzt: in einen Kuluretat von bald acht Prozent. Darmstadt mit seinen Institutionen und Initiativen ist und bleibt rühmenswertes Vorbild – auch wenn der Patron des Literarischen März nach zwölfjähriger Amtszeit als Oberbürgermeister und Kulturdezernent in einzigartiger Personalunion sich nun verabschiedet hat. Der Nachfolger des literatur- und lyrikbegeisterten Peter Benz, und dem sei an dieser Stelle herzlich gedankt, weiß, was die verwöhnten Kulturbürger seiner Stadt und die jungen Lyriker und Lyrikerinnen des deutschsprachigen Raums von ihm erwarten.

Der seit dem Jahr 1979 alle zwei Jahre verliehene Leonce-und-Lena-Preis beweist sich immer wieder neu als die renommierteste Lyrik-Förderung und bedeutendste Lyrik-Ehrung für deutschsprachige Autorinnen und Autoren bis zum Alter von 35 Jahren. Um diese haben sich in der diesjährigen 14. Auflage 169 Lyrikerinnen und 190 Lyriker (insgesamt 368 Bewerbungen gegenüber 529 im Jahr 2003 und 469 im Jahr 2001) beworben – und lyrische Post fürs auszuwählende Lektoratstrio Fritz Deppert, Christian Döring und Hanne F. Juritz kam sogar aus Singapur und China.

Am 11. und 12. März stellten sich die dreizehn vom Lektorat eingeladenen Teilnehmerinnen und Teilnehmer in der »Centralstation« im Herzen Darmstadts dem Jurorenquintett – Sibylle Cramer, Kurt Drawert, Jan Koneffke, Brigitte Oleschinski und Raoul Schrott –, im Wissen, dass vor diesem lyrisch weit gespannten Kollegium der Dichtung zu lesen schon eine Vorauszeichnung bedeutet; und bekanntlich hat das Darmstädter »Dichterwettlesen« im Fall der Nichtprämierung auch noch keine Karrieren verhindert. Dirigiert wurde dieser in der Kontroverse produktive Chor aus streitbaren Solistenstimmen von Wilfried F. Schoeller, dem bewährten Moderator, der den Sachverstand wie immer zum Klingen brachte. Und das Publikum, mal mehr mal weniger zahlreich, durfte sich nach den Vorlesungen und anschließenden Bewertungen der präsentierten Gegenwartslyrik belehrt und bereichert fühlen. Auch und gerade dann, wenn der jungen Dichtergeneration von Raoul Schrott vorgeworfen wurde, sich nicht mehr ausreichend an ihren Vorgängern abzuarbeiten.

Solches war zu lernen vom diesjährigen Ehrengast Joachim Sartorius, dem Lyriker, Übersetzer, Kommentator und profunden Kenner der Weltlyrik (um nur einige seiner Berufungen zu nennen): Wie in einem Museum der zeitgenössischen Poesie, in dem die Reichhaltigkeit der Welt und ihrer Traditionen gesammelt wird, mit Sprachräumen voll Laut und Lust, spaziert es sich in den Gedichten von Joachim Sartorius. Sein Laudator, der ungarische Schriftsteller Péter Nádas, der sich mit seinem Roman »Buch der Erinnerung« den Rang eines europäischen Autors längst erschrieben hat, konnte bekunden: »Mit den Gedichten von Joachim Sartorius würde ich mich retten.«

Und die Rettung im Gedicht vor den Wirren der Zeit hat auch Karl Krolow gesucht, der am 11. März vor neunzig Jahren geborene Autor, der Bürger Darmstadts, der über viele Jahre hinweg als Mitglied des Lektorats den Leonce-und-Lena-Preis geprägt hat: Ihn zu Ehren las der Schauspieler Horst Schäfer Gedichte und Prosa.

Als nach dreizehn Lesungen eine Handvoll »Favoriten« feststand und die Jury ihre Wahl zu verkünden hatte, da lautete die Meldung: Ron Winkler, der schon 2003 eingeladene Lyriker erhält den mit 8.000 Euro dotierten Leonce-und-Lena-Preis, Karin Fellner und Hendrik Jackson erhalten die mit je 4.000 Euro dotierten Wolfgang-Weyrauch-Förderpreise.

Einen »neuen Ton im Naturgedicht« in einer Lyrik von zugleich größter Modernität fand Kurt Drawert in seiner Beurteilung der Gedichte des 1973 geborenen Ron Winkler, und die Jurybegründung des Leonce-und-Lena-Preises lautete denn auch: »Geschult an der Tradition der deutschen Naturlyrik von der Romantik bis zur Naturmagischen Dichtung, gelingt es ihm, das Naturgedicht ein weiteres Mal zu aktualisieren und als Referenz eines modernen Lebensgefühls nutzbar zu machen. Dabei sind die Analogien, von einer Landschaft auf einen Text und von einem Text auf eine Landschaft zu schließen, noch einmal unterbrochen von einem in Natur gestellten Subjekt, das als meinungskompetente Person ebenso inszeniert wird wie als Rede- und Denkfigur. Beide Konfigurationen sind gekennzeichnet von Ironie und Selbstironie, Spiel und Komik sowie immer auch von existenzieller Ernsthaftigkeit. Denn: ›Das Hinterland (ist) eine typische Amokfläche.‹«

Mit Gedichten voller Bedeutungshöfe, deren klare Konstruktion Raoul Schrott lobte, begeisterte auch die 1970 geborene Karin Fellner: »Gedichte, die an vorempfindsame Traditionen des Lyrischen anknüpfen und sich das gewonnene Wissen um die Bedeutung alltagspraktischen Handelns für die kulturhistorische Erkenntnis zunutze machen. Ethnologische Methoden der Beobachtung fundamentaler Lebenstechniken gehen in die Darstellung des anonymen Schicksals der Migranten ein. Die Indirektheit der Aussage, die Versachlichung des Berichts und die Konzeptualität des Gedichts führen zu einer quasi wissenschaftlich objektiven Tonlage der Lyrik.«

Die »Geistesgegenwärtigkeit seiner Lyrik«, die die Wirklichkeitserfahrung auf der Höhe der Zeit erweitert, lobte Sibylle Cramer in ihrem Befund der Gedichte des 1971 geborenen Hendrik Jackson: »Seine Poesie diagnostiziert die Gegenwart einer überwiegend virtuellen Welt, globale Leerstellen, auf deren

Flachbildschirmen nur manchmal das Wetterleuchten einer fern gewordenen Natur aufflackert. In den zyklisch angelegten Gedichten ist das Ich bloß ansatzweise noch in der Lage, sich gestalthaft zu projizieren und zwischen Pathos und Ironie eine Haltung zu entwerfen, die im Wechsel von Kopfstimme und Körperresonanz dem Anschein nach verloren gegangenes Humanes zurück zu gewinnen versucht.«

Schließlich wollen wir mit Trauer daran erinnern, dass wenige Tage nach der Vergabe des Leonce-und-Lena-Preises, am 1. April 2005, der Lyriker Thomas Kling verstorben ist, Ehrengast des Jahres 2001 und Laudator auf den Ehrengast Oskar Pastior im Jahr 2003. Die Stimme dieses Lyrikers, der eine Generation mit seinen Gedichten geprägt hat, ist verstummt, aber es gibt den Echoraum seines Werkes, jene annähernd zwanzig Bücher, in denen künftige Teilnehmer des Leonce-und-Lena-Wettbewerbes danach fahnden können können, was es heißt, mit der lyrischen Tradition umzugehen.

*Von links nach rechts: Peter Benz, Karin Fellner, Hendrik Jackson, Ron Winkler, Joachim Sartorius (Foto: Jürgen Hartmann)*

## Gyde Callesen

**einschnitt**

als deine stimme in mich drang
und meine haut durchschnitt
darunter ist auch kein schweigen
weil du nicht mehr aufhörtest
zu reden in mich hinein
als wolltest du deine worte
für immer in mich versenken
als du mich zu deinem wort machtest
war ich tonlos geworden

**nostalgisch**

im schotter lagen sie
die narben veralteter wege
ein mosaik von nicht gegangenen schritten
über den weichen so etwas wie stille
ohne den staub von heimweh
ein verletztes unterwegssein
begleitet von den weiden am flussufer
und den grauen steinen
den zeugen dafür dass alles
anders hätte sein können wenn sie
es gewollt hätten waren die narben
trotzdem geblieben für den fremden
der noch kam

**kalendarisch**

eine zahl auf weißem papier
dieser schritt zwischen leben und tod
ist einer von den vielen gescheiterten
und davor der zeiger der sich im kreis dreht
er kommt nie wieder
der tag als erinnerung daran
wie es hätte sein können
ein feiertag oder begegnung
am anfang in den händen
war das vergessen
weil der schönste tag überleben würde
das ist das prinzip hoffnung
warten tage darauf gefüllt zu werden
die verlorene unschuld und
zusammengefallene stunden
zeitlos im konjunktiv
verpasste chancen sorgfältig nebeneinander aufgereiht
nebeneinander liegen die tage
an denen alles anders werden sollte
und sich dasselbe wiederholte
ein tag der sich dreht und zurückkommt
ein tag als gedächtnis
der gewesen ist
vierundzwanzig stunden
könnten leben sein
und eine frage
was ist ein tag

**missverständnis**

kann es sein dass der frühling
dieses mal ausfällt
nein der frühling fällt nicht aus
es ist der herbst

als ich sie das erste mal sah
saß sie auf einer parkbank
das ist nicht ungewöhnlich
als ich sie das erste mal ansah
hatte ich ein kribbeln im bauch
das ist auch nicht ungewöhnlich

wann fragte ich
und sie sagte
wenn die magnolien blühen
das war ungewöhnlich
die letzten blüten waren gerade abgefallen

es war herbst

**odyssee**

nimm die gestrandeten
die auf sand gelaufenen dinge
ihres herumirrens befreit
und der zeit
ohne geduld und eile
im puls der wellen angetrieben
und verloren sind die dinge
die über bord gingen
ohne dass es jemand bemerkt hätte
die flüchtlinge des alltags
wenn keiner hinsah
verschwanden sie und versanken
um aufzutauchen woanders
ohne ahnung der spuren
im wasser
sie waren geflüchtet
ohne es zu wissen
nimm sie die gestrandeten
und aufgelaufenen
über die du gehst
mit dem blick richtung norden
sie liegen links und rechts von dir
und gehe weiter mit ihren geschichten
sammele sie und gehe weiter
und erzähle von ihnen
von dem traum nicht zu wissen
wo die grenze zwischen
wasser und erde ist

**häutung**

deinen körper ergreifen
und jene linien finden
die ihn zu deinem körper machen
dich mit deiner grenze zu mir
diese weiche linie
um dich zu erfassen
wo du beginnst und aufhörst
hoffend du könntest es sein
wenn ich dich zu begreifen versuche


**größe**

nur wusstest du was dieses wort
nur bedeutet als du sagtest
nur du genausowenig wie immer
wie lang ist die ewigkeit und das ausschließliche
hattest du eine ahnung von deinen worten
ob sie aus sand waren oder aus ton
als du sie trugst wie marmor
nur du wusstest was du geschworen hast
als du alles sagtest und nichts
hattest du die kälte von liebe gespürt
du ahntest nicht was es heißt
nur ein mensch zu sein

*Gyde Callesen*

**diagonal**

gekreuzigt das wort der kalten hände
gekreuzigt die hand der kalten worte
dazwischen nur warme erde wie worte wie hände
gekreuzigt das leben im tod
die freiheit am gitter der welt


**und keine antwort**

worte werden plötzlich worte
wie wir sie kennen
keine fremden welten mehr
nur entleertes gesuchtes
haben aufgehört zu sprechen
als traurige zäune vor etwas
was ohne worte ist

**inschrift**

ein weg in die nähe
in die nähe der zeichen
wo wir uns erkennen
erkannt zu sein
diesen weg ohne worte
immer wieder die füße
laufen ohne zu erreichen
und erschaffen ohne zu verzweifeln
nur ein weg in die nähe
der zeichen die wir erreichten
bevor wir wussten
dass wir steine ohne körper sind



**hypothese**

noch war es nur ein wind
der uns plötzlich berührte
längst an verschiedenen orten
wir würden uns vergessen
hatten wir behauptet
in den gegenwind hinein
und träumten später
von den haaren des anderen
die ein wind gemeinsam berührte

**adagio**

ziemlich weit aufgerissene augen
keine dramen mehr
sie wollten keine dramen mehr
nur das alltägliche
gibt es noch das unerträgliche

nur noch angst

daneben gibt es nichts mehr
wo worte die nicht versuchen
schatten zu werfen keine sind
das einfache falls das wesentlich ist
kann man sich noch einatmen
in die farben von vergessenen stunden

vielleicht todesangst

reden ohne zu töten
was geht noch wenn so viele spuren schon da sind
in die niemand nicht treten kann
nebel und scherben
worte die welten bauen für sich

es war todesangst

nichts was menschen nicht tun
und auch ich lief in diesen schatten hinein
ohne zu wissen wann er mich wieder ausspucken würde
sie wollten keine gefühle
welt auf abstand gebracht
angesichts derer die hoffnung umsonst war

sie taten alles

schreibt über den tod wie über eine nähnadel
nicht mehr und nicht weniger
nein viel weniger
wie es ist den tod zu begreifen

sie erstarrten seine augen
zu einer dunklen wüste

wenn menschen menschen vergessen
und gefühle nur überflüssiges plastik
die suche nach den extravaganten worten
die noch niemand in der hand hatte
jeder wollte originell sein schöpfer

ihre hände auf seinem körper
irgendwann spürst du nichts mehr

einfach bitte normal nebensächlich
das ganze leben als nebensache
und keine dramen
sie verloren sich in mondscherben und nebelbooten
in einer anderen welt süß verzückt

du siehst deinen körper von oben
verlassene hülle die du warst mit ihren händen darauf

wer hat das wort quälen begriffen
kaugummis auf pflastersteinen und gespräche über fußballtore
es gibt die wichtigen dinge für jeden
als das lachen daneben fiel
weil es verlernt hatte mitzufühlen

du hast dich von der welt entfernt sagte er
mit den augen wie einer schwarzen wüste

und sie lachten die ganze nacht
was ist sich leicht fühlen

er vergaß den tod wie seinen körper
und ihre hände

hände die wasser schöpften um zu trinken
wo ist weniger als genug
sie wollten keine zerbrechenden menschen
nur ironische helden die daneben standen
und kommentierten was sowieso geschah
über eine grenze gegangen sind
vielleicht viele über welche grenze
dazwischen hat sich etwas verloren
wovon keine worte gesprochen hatten

er überlebte mit einer nie heilenden narbe
eines zerstörten vertrauens

wie sich noch einmal hingeben was leben sein kann
und der sturz ist in eine verzweifelte farbe
sie wollten kommentare und bekamen sie
alles andere sei kitschig
eine zerlegte sonne fällt auf einen zerbrochenen menschen
zu groß sind diese worte sagen sie

er hatte verzweifelt versucht worte zu finden
für ein entsetzen für das was sie folter nennen

und das ist weit weg
sie hatten verzweifelt versucht in worten zu verschwinden

die schön gemalten pfeiler vor ihrer sanfteren welt
und verzweifelt hatten die worte versucht
worte zu finden die sein könnten
ohne ein wort davor

geschlossene augen

*Irak 2004 – nach dem Bekanntwerden der Folterskandale*

## *Renatus Deckert*

### 13. AUGUST

Grenzgänger, du: siehst noch in jedem rostigen Draht
im Gestrüpp
das, was dich hielt, was dich schlaflos
ließ.
Oder im Traum: wenn ein Schuß fiel nachts, dein
Fuß im Tellereisen, der Stachel in deinem
Fleisch.
Westwärts schwirren die Mauersegler über die
Dächer:
ein flüchtiger Blick, den Kopf im Genick,
setzt den Staren
nach.
Vogelfrei: was für ein Wort, gegen
Wände gesprochen, aber die Knochen waren
zu schwer.
Jetzt sind die Jahre weg: eingeklebt in schwarzweiß.
Den Beton,
bunt
bemalt, gibts steinchenweise.
Sehr leise verbellt ein Hund die Gespenster.

**HINTER DANZIG**

Das Auge geht mit: über die rostenden Löcher im Wald,
die Reifen im Bach, den hinkenden Hund
am Nebengleis.
Im
Ruß des Fensters ist die Pupille ein grauer Punkt,
der über die Disteln springt,
die leeren
Chauseen, die erkaltete Spur ... So müde
macht dich
die Landschaft draußen, das Fließen von Friedhof
und Feld.
Noch hält dein Blick das Zittern
der Zeitung in den Händen der Frau: die Kreuze,
polnisch,
vom Schweiß verwischt.
Von Weiche zu Weiche wachsen die Schatten auf ihrem
Gesicht.

**MANÖVER IN DRESDEN**

Grau waren die Tage, grau das plattgeschossene Blei
auf dem Boden des Schulkellers, in meiner
Faust,
wie ich lief: über die Kreuzung, an Gleisen entlang,
die gefrorenen Wege.
Nur das Klirren von Metall zerschnitt die
Luft.
Gegenüber zwei Russen, Gesichter wie verriegelt,
die Haut straff über dem Schädel,
im letzten Gefecht mit
dem Sturm, der das braune Laub aus der Schubkarre
riß
vor der nassen Mauer.
Die jungen Knochen im scharfen Wind,
kratzten die Rechen
über das Pflaster, finster beäugt vom Kasernentor.

**ENDSTATION**

Über das Lenkrad gebeugt, reglos hinter der Scheibe
das weiße Gesicht:
in den Asphalt versunken unter der stockenden
Hitze.
Zwischen Disteln und Bauschutt
flimmern die Linienbusse, schräg auf den Strich
gesetzt.
Die toten Fliegen auf der Armatur
vor Augen,
die starren Zeiger am Handgelenk, die entzündete
Sehne.
Eine Stunde, in Staub gebrüht,
an der Peripherie.
Eine überbelichtete Fotografie:
An einem Haltebügel
seines Busses zwischen den Sitzen macht ein Mann
Klimmzüge.
Die Ärmel aufgekrempelt, hängt er
unter der Decke mit langsam röter werdendem
Kopf.

## ABGANG

Das war der Dreh: durch Wand und Knochen
das Schlagen der Tür,
im Rücken die Nacht, zerhackt von scharfen Schritten
treppab.
Und du am Fenster,
fröstelnd,
kehrst den Blick gegen die braunen Schindeln
unter dem Rauch:
eine Elster, den Morgenwind kalt
im Gefieder,
schleppt sich in kurzen Sprüngen die Dachrinne
fort.
Schiebt den Kopf vor, äugt nach unten
und schleppt sich weiter
bis an die Kante.
Ihr rohes Kreischen, und alles dreht sich von neuem:
das Kratzen des Schlüssels, die Tür
in den Angeln,
das kalte Laken wie zerschnitten.
Zwischen den Falten der rote Abriß vom letzten
Film.

**FREMDENVERKEHR**

Der Dunst schleift die Scheitel der Passanten: Zäh
sickert das erste Taggrau die Schläfen
hinab.
Im harten Licht der Bahnhofshallen und Vorortzüge
ist der Haaransatz vor dir ein Schnitt
ins Genick,
und der Morgen hat den Eisengeschmack einer
verjährten Konserve.
Du zwischen Bahnsteigkante und
Feuerlöscher
zwängst dich vorbei an leeren Gesichtern,
die Öde der Nacht in allen
Falten.
Zu Fäusten die Hände, geklammert
an Griffe, das Schienbein gegen die Fliehkraft
gestemmt.
Und immer schärfer im Rattern der Schmerz
unterm Zahn von Station zu
Station.

*Renatus Deckert*

**WINTERREISE**

Ziellos durch Moskau: hinter den rußig gefrorenen
Fenstern entfernt sich die Stadt.
Im Zwielicht
Baracken, Wohnblocks, Fahnenstangen, vom Rauch
geköpft.
Der vereiste Asphalt gibt den Schlaglochtakt vor,
hämmert Rippe an Rippe den Panzern
nach.
Die Haltestelle ein
Straßenrand: zwischen Plattenbauten in den Dämmer
geschnitten,
knöcheltief der braune Schnee.
Pawlows Hund, die Augen aus Rost, streicht hungrig
ums Eck.
Wie eine Kompaßnadel zittert die Zunge
vor dem schwarzen Kopf.
Bis an die Kehle
geknöpft: der Reisende am Nullpunkt zwischen Nacht
und Beton.

## Unterwelt Moskau

Dieses kurze Würgen, eh die Rolltreppe anfährt und
Stufe um Stufe ins Bodenlose
sinkt,
ist das Signal für das Nackenhaar.
Erebos saugt schlürfend Passagiere auf. Jeden Tag
Tausende,
die es nach unten zieht: das Fließband
zur stampfenden Hölle.
Nur in der Nacht geht man allein auf Hadesfahrt.
Ein Tauchgang
in Gründe, wo das Echolot ohne Antwort
blieb.
Vorbei an Kabinen aus Fischglas, dahinter stumm
zwei schwarze Telefone
ohne Wählscheibe.
Eine vergessene Zeitung vom
Weltuntergang.
Leer sind die Gänge und tonlos: ein Unterwasserbild,
labyrinthisch,
auf den Kronleuchtern schläft der Staub.
Atlantis,
kyrillisch buchstabiert,
zwanzigtausend Meilen unter dem Meer.

**KALTE HAUT**

Dicht am Asphalt glänzen die Scherben. Ein Riß
kriecht über den Teer
in die Augen. Blutleer der Kopf, der zitternde
Leib:
wie sie kauert am Bordstein. Im Rücken
Matratzen, fleckig, verfault,
alte
Reifen, ein Kühlschrank, zerkratzt
das rote Herz an der Tür.
Schluchzend zieht sie den Rauch durch die
Zähne,
das trockne Ächzen der Tauben im Ohr.
Sie spürt nicht den Wind im
Genick,
nicht den Regen, den Staub auf ihrer schmerzenden
Haut.

**GROSSSTÄDTER**

Alle Jahre, und wieder verloren am Straßenrand
zwischen Lichtmast und
Hauswand
tänzelt Lametta, in die versengten Rippen geklemmt.
Stoisch
im Flockenwirbel wippen die letzten Nadeln,
ein grüner Strohstern klebt zitternd
im Wind.
Schon rosten in den Kellern die Prothesen weiter:
der Eisenfuß
für das zersplitterte Holzbein,
das über Nacht
vor der Haustür liegt.
Müde klappert es mit den zersägten Jahresringen.
Irgendwo draußen schweigt ein Wald
ohne Baum.
Ein zugiges Feld voller Wurzeln:
tausend abgehackte Füße, an denen der Frost
nagt.

**STILLEBEN**

Die Kohlenzange auf dem Blech, die ausgehängte Tür,
der Besen vor dem kalten Grün der Kacheln.
Hier
stand das Klavier und dort der Christbaum,
da das Telefon.
Ich sah
das Zittern ihrer Hände, wenn sie die Tasse hielt,
die braunen Flecken ihrer Haut, das weiße
Haar.
Ich sah all das und sah es
nicht.
Die Diele knarrte noch, die Küche lag verwaist:
kein Kaffeewasser
und
kein Kalter Hund.
Vergilbt die Blumenmuster der Tapete,
bis auf ein Viereck überm Herd.
Da, wo die Uhr gehangen hatte, blühte es nach Jahren
noch
wie frisch gegossen.

## Sabine Eschgfäller

**greislerladenspiel**

versuch

die worte zu wiegen wie im
greislerladenspiel frueher spiele wieder
mit mir/ im guten

gelb und rot in diesem winter
tritt ein & laechle
& lass es endlos

bleiben wie im
spielen damals ohne buehnenbild und ohne
spielzeug/ nimm mein heute

bezahle es mit schweren
worten, gib mir einen vorrat
von dir

: dass ich ueber diesen winter komm

*olm.111004*

diese hand
besucht die waelder des winters ohne
schutz

im stadtpark schaukelt sie sich
warm und weiß
und hart

dem atemlosen knirschen
deiner schritte
begegnungen

unter saeulen
orange glasiert, mit nachmittagsdunkel
verbraemt

diese hand
zieht die schleppe der tage um diese brunnen
weiter muehelos

rau und feucht
leckt das schneegestoeber
ihre wunden: mut

**o(k)no**
*augenfenster*

diese stadt atmet flach/ ihre brueste heben sich
gebrochen und
nur nachts

stroemen wir mit suchen
nach dem *strom*/ ruhig
bin ich da und halte uns
die stirn; zaehle in die kuhle

die eigne atemlosigkeit
: blau, wenn der morgen kommt, gebadet
wenn die tramvajfenster
sich oeffnen


*kosinova 230704*

einen stein zu beruehren, mit weißen streifen
graues glueck; hier
in meiner faust
teilst du dich aber fort

und fort/ dann im tuerrahmen
fallen wir klinkenwaerts du, klar umrissen,
erschließt dir diese nacht: hinaus, um

dich wiederzufinden, doch es wird nicht mehr
richtig tag, wird um uns
nur weg & rohr und die stadt

unterm heiligen berg
klingt aus mir: ja, sagt mein stein
in meiner faust und
streift deine stirn – weiß, dass das glueck
ergraut ist, hinaus

durch alle nacht

*lazecká 091003*

*Sabine Eschgfäller*

du, ich mach dich
zu meinem gedicht und den himmel feg ich rein und blau mit
deinen worten/ was du mir bist dehne ich mit
allen vokalen; eine lange weile

auf dem weg durch die herbstnacht feuchtet dein
starrsinn mir die augen vor zorn: *trost findet der wanderer
nicht bei den anderen.* Wortgewaltig im beutel meine hand an
deiner – ich lasse dich dann da

wo ich dich mir erfunden habe: fremde laute erleichtern
die luege/ die waechst ueber diese stadt hinaus
aufgeflogen
tauben am heldenplatz, fort fort will alles
von mir, aber du

ich mach dich zu meinem und dann lass ich dich
dann da an der march, im park, in der
tasse: blicke verlieren sich
in den kaelteren tagen wirst du
davon absehen/ der himmel wird dein großer blauer fluss

: *pryc*

liebestier, das mich bewandert, dass
die lider klopfen lernen/ herzenshaeutchen
reißen: im windschatten deines
nackens

hunger; sanft durch den tag bis
es klopft, in uns/ oeffnen
sich korallen sein/ winke

du wiegst nichts/ zeige
mir, wie man fliegt
ueberall & ueberallhin rotes

: kindchen

**maehren ist ein land am meer**

tags ruft
der wind auf den waescheleinen
des innenhofs die kanuten im schlagrhythmus
die stadt zu fluten

sie kommen durch die brunnen
entnebeln die schattentuecher
im hauch ihres ruderkreisens/ laecheln
wir

auf den baenken

waten im wassergruen, ohne zu schaudern
bis der fortgesetzte fließton aufhoert
werden wir nun (fuer immer) gelernt haben

: uns ans meer zu denken

keine seele
hat der engel der nacht
stehen gelassen: morgenfeld, sinn
truebe

: alles wahr/ keines
fuerchtet sich vor den
fließenden bildern der
daemmerung

*most*

fein spinnt sich das schuerfen ueber die eisdecke
ans ufer spazieren
auf jaennerhaut

verwachsen mit der morawa, waehrend ein
leises fieber im triefenden
schneegrau weiß
vom abend

: mein engel verspricht sich
mir, ich hole
alle seufzer
: heim

**chalupka (pro tebe)**

kauere dich unter meine
schulter: ich wiege die stunde aus bis
sie fliegen kann mit uns

seufze in die leeren waende
alle bilder unsrer
tauben: kuesse

flimmern die schaukel hinauf fallen
hoeher als mein
schoß/ nichts leichteres als

bluehen: dich ringe ich ein
zerreib dich sanft unter meiner nase
atme tiefer und in echos
hinaus

speile an einer betonwand august, waerme
mich am unausweichlichen
wolkensaum

ueber der stadt: die sonne
ginge vor uns nieder/ verliefe sich
bis auf weiteres
zwischen den schloten
am nordrand; wenn man nur

wuesste, wer sich zerkleinert
in erinnerung
: dort

**jedno rano – ein oktobermorgen**

du gewoehntest mich
an die offene hand
lippen-
zahm bin ich nun, mundlebend

und du
klaubst die finger in den reißverschluss/ gewiss
ziehst du die mundfalten
grade, schickst sie

weiter
mit der tramvaj
schnellen schritten nach/ auf der
treppe ziehst du die naehe
hoch/ faehrst durch die tuer, mir fluechtig
durchs haar: *nic nevadí, es macht
nichts* ich oeffne das fenster

schreie
rauchzeichen
dir hinterher, schreie *všechno vadí/ alles*

wiegt schwerer. jetzt.

**maedchen im zoo, ein versuch**

langsamer zu sprechen mit einer stimme
wie luft
ueber gruenen flaschenkopf streifend lemuren mit menschen-
haenden: du nickst dem tag voraus, misst jedes gehege aus,
*yellowstone*
im hinterkopf und das ziel, leichter
zu werden flamingos, schwarz unter den fluegeln

keiner bricht auf, zwei versickern hinter
der basilika/ zwischen giraffen und eulen, was
wie lange, wie
schnell: im dunkeln hinausklappern/ unten liegt
die stadt und man entzuende
lichter fuer gewesenes und diesen
tag

**šmeralova 11**
*felix*

die fenster oeffnen sich
und die bewegung sei ein psalm
zu dir: dass alle engel gleiten
im luftzug der dielen

an diesem morgen der rauch
steigt heiß in die scheibensplitter, die glitzern
ueberall auf dem stadtberg
: alle treppen weiß ich

schiefer: im fleisch ringeln sich
die sommertage
zu einer dir
zugedachten
: zeit.

*Karin Fellner*
*Futter*

I

hüllen sie sich in stimmen / nieseln auf geköpfte
platanen über pfützen / geduckte passanten
sie sitzen

an der theke, pastis / mahlen maschinen francs
spannen gerüchte aus / steigen auf pyrenäen
schlürfen sie

kaffee, sind helden von
vagem mut, ziehen los.


II

erst oben zwischen kiefern / erinnern sie das brot
im wagen fährt es fort / durchs gebirge spielt
hunger auf der zunge

sie steigen, knirschen am fuß / ins blaue
schnürt der hund / über dürrem sitzt
ein findling im ginster

der takt ihrer schritte nimmt maß
am ausgestiegenen morgen.

## III

queren sie den märz / forst und pfade lagern
mit der nacht ums zelt / sie trinken suppe
aus tüten

zuckt der hund pfoten im schlaf / rauchen sie
gegen den frost / weiße gesichter schwimmen
im dunkel

hinter den augen
noch glut.


## IV

sägen hallen im tal / sie aber hocken auf bohlen
starren in strudel zum / flossenschlag der forelle
liegen haken bereit

schwarzerlen über gumpen / reifrock von disteln und
muschelschalen am weg / aquatischer gruß
verworfen ins hinterland

spült kiesel ins auge
ab fließt der wurm.

**V**

laut ist der wald und hoch / schießen fabeln ins kraut
auf nassem erdreich im / zungenschlag der bäume
kampieren sie, migranten

rascheln hebt ihre brust / morgens hinter granit
verscharren die notdurft mit / klammer hand
vor dem hund

überwinterter kohl ist
labung im dünnen rauch.


**VI**

auf der schüttung liegen sie / spähen hinter hecken
zum scharrplatz, geflügel / ein schubkarren steht
drüben am einsiedelhof

sie reiben finger, spucke / treibt in wangen, wie
wendet man hälse knackt / wirbel, wie entfedert
man schenkel, flügelchen

morgen, flüstern sie, morgen
kommen wir wieder und töten.

## VII

in welchem mageren dorf / fensterparade für laster
schielen sie auf fremde / tische beugen sich fern
fahrer übers geschirr

tunken großzügig soße / zugig ists draußen und schmutz
hat sich ans fell gelagert / gulasch schwimmt im service
sie trinken wasser und

verworfen vom fetten geruch
verbeißen sie sich aufs neue.


## VIII

flüche verfolgen peugeots / hinter der kehre im
rückspiegel schwinden sie / zwischen stämmen zwei
tramper, serpentinen

fettpolster abgebaut / der himmel grise et triste
nistet nass im parka / unterspült ihre sohlen
schwellen, wollen fort

einer nimmt sie ins warme:
je ne regrette rien.

**IX**

im hänger mit planen und stricken / rattern sie in die kleinstadt
steigen durchnässt ins café / zu billiger chocolat chaud
ausblick auf kreisverkehr

runter zu den toiletten / vorbei an verschlossenen waren
laufen die augen voraus / schieben zucker ins hemd
notbissen für die straße

polierte plätze am supermarkt
betteln sie oder stehlen.


**X**

dann ist die sackgasse da / im tal vergessene kreuzung
südliche richtungen, leer / steht ein haus, eine brücke
schotter ohne verkehr

unten zieht wasser kühl / bricht lippen auf, sie schrein
fruchtlos ins zwielicht schweigen / leitplanken
tannen sind zeugen

das echo stürzt fort
in die schlucht.

## XI

im kloster streunen sie / um verdeckte beete
sammeln sonne, tote / wohnen im mulch
langsam setzen sie sich

dies sei fasten, sie sagen / hunger sei limitiert
im angelusläuten warte / ein dunkler laib
innen süß

staunen sie ins leere
versprechen der mandelblüte.

## XII

im büro der mann / prüft ihr gebrochenes wort
papiere ordnungsgemäß / letzte ausfahrt für
eine bedachte nacht

sie liegen in stockbetten roh / fiepen rohre hinter
getünchten decken sie sind / dosenfleisch, lose
zellen in einer zelle

gegen die enge stemmen
sie stimmen, halten fest.

## Gerald Fiebig

**agentur**

> An einem schönen Morgen des Monats Mai durchritt eine
> elegante Amazone auf einer wunderbaren Fuchsstute die
> blühenden Alleen des Bois de Boulogne.
> *Joseph Grand (nach Albert Camus,* Die Pest, *1947)*

an einem schönen morgen des monats mai
gähnen die unternehmensberater in ihrem schuhkarton aus glas

generalisierte immobilmachung in der abteilung
sag zum abschied leise service pack flüstert der admin

an einem schönen morgen des monats juno
gähnen die jobberater in die trockene umbaupause

die schulabgänger füllen ihre fragebögen aus
wenn ich groß bin werde ich humankapital

an einem schönen morgen des monats julei
heiseres berufsberaten leiser den beruf verraten

nicht mehr amt: agentur. nicht mehr beamter: agent
wo die arbeit ist: weiß nicht. vielleicht geheim: geheimagent

an einem schönen morgen des monats august
füllen die geheimagenten die persönlichkeitsbögen aus

etwas persönlichkeitsbildung bei der stasi hat nie geschadet
alle wohnungen im land werden durchnummeriert: ABM

an einem schönen morgen des monats september
erfolgt die monatliche ziehung der losen zahlen

auch eine arbeit für spezialagenten natürlich
STATT ARBEITEN BIS 70: 49 aus 80. millionen versteht sich

an einem schönen morgen des monats oktober
heften die agenten dateien in hängeregister

die subversiven bücher von der deutschen bibliothek
                                                                                              nummeriert
wer im treibhaus sitzt kann nur mit steinen schmeißen

an einem nassen morgen des monats november
fuhr eine saisonbereinigt arbeitslose blondine

mit einem handy auf rollerblades durch den städtischen park
in dem die sozialhilfeempfänger kaugummis sammeln

zum vorstellungsgespräch auch kein spaß bei dem wetter

*nach Jutta Weber und Felix Wenzel*

*Gerald Fiebig*

**freier texter**

meter für meter richtung versuchsanstalt
für textilien textreptilien textamphibien
& andere texttiere tierversuche im text
metaphorisch gemeint aber trotzdem gemein

der textilfachhandel bietet stoff am laufenden meter
guter stoff die nase voll der meter für ein zeilenhonorar
gutes geld ist's da vermessen deine nacktheit zentimeter für
cent in diesen meterweise vermessenen stoff zu kleiden

für den ich vermeterte verführungskunst verkaufsfördernde
formulierungen in festmeterweise fachblättern fabriziere
bin ich freier texter oder nur texter oder nur freier raus
aus den textilien sag ich fick dich selbst sagst du also rein

in texte über kleidmittel fürs nackte überleben gleitmittel
für das schlüpfrige soziale parkett mit quadratmeterpreis
warum nicht bebuchstabt betextet belettert belämmert
das schweigen im quadratmetapherpreis inklusive

abgabetermine amphetamine an vitaminen kein mangel
in der vorferienwohnung in friaulisch-venetien voll stoff
besoffen bis die textilstreifen die gaze als gas aus dem ohr
herausdampfen mit denen ich meine kopfwunde stopfe

**dub**

& das wort ist papier geworden
ein notizzettel auf dem ein gedicht steht
oder ZUCKER BROT! oder HAB DICH LIEB!
BIS BALD! & zwei namen ein zettel
den man immer bei sich trägt

& das wort ist klang geworden
von münzen die mit einem kleinen ton
im telefonschacht durchfallen
von fingern, die synkopierte worte
in ein handy trommeln im stillen abteil

> damit eine stimme in die kalte unterführung
> & in die papierene nacht dringt deren rhythmus
> das rascheln von zeitungs- (becken) & bücher-
> papier (hi-hat) spielen & die kleinen schreie
> der kupplung & das bassbeben des motors

& das wort ist stimme geworden
nicht wie der small talk der das herz
mit leere vollsaugt dass es da in der luft hängt
im hungerkünstlerkäfig der rippen
wie eine riesige werbeaubergine aus plastik

& das wort ist musik geworden
wenn der warme körper der stimme
den geräuschen in der nacht & im kopf
ein fundament gibt & ihr herzschlag
die panischen höhen bettet in seinen backbeat

& das wort ist fleisch geworden
dessen geruch die wahrheit sagt
wenn seine zungen sich die silben
durch berührung ablesen & zwischen
den zeilen die herzschläge sprechen




**echolalie**

die straßensonne treibt den kopf in den schatten
einer buchhandlung & sand in die augen.
er rieselt wispernd durch den schädelraum & bildet
die sätze vom zeitschriftentisch nach:

*während ich hier drinnen dies schreibe,*
*demonstrieren draußen die studenten*
*für bibliotheken, aber nicht für gedichte*
& meine stirnhöhlen sind eine echokammer.

auf der buchstabensuppe davongeschwommen
& abgetrieben hinaus auf den offenen asphalt.
die sonne schält als hautraspel die augäpfel blank:
im lidausschnitt eine elfenbeinfarbene wand,

mit chrom abgesetzt *während ich hier*
ein neonroter streifen *aber nicht für* ein blutbild
stereo*theken* im ohr ein knisterndes wispern
*hier drinnen* funkstimmen durchs offene *enten*

der fahrerkabine: der rettungswagen ist eine echokammer in der plötzlich still gewordenen straße.
ich *demonstrieren* die leerstehende fahrbahn.
*dies schreibe* im zurückblick: ein zweiter

notarztwagen zwischen buchgeschäft & mcdonald's
ist eine druckkammer. die schiebetür *draußen*
steht offen *aber nicht für gedichte,* man sieht die geräte
im innern der elfenbeinernen kammer. die literatur

 ist ein notarztwagen.
               echokammer.
                             herzkammer.
                                         infarkt.


**aus käfighaltung**

rote hand im leuchtreklamenlicht der freien marktwildbahn.
eine warme hand lässt man zart über gänsehaut schweben.
so tastet man sich an gelungene tage heran
in der dunkelheit zwischen zwei leben.

zwischen der zuteilungsreifeprüfung für den lebensplan
& dem zwang, einen wassereinbruch im herzen zu beheben,
führt man den ersparten bissen zum mund,
wartet man auf das nächste beben.

auf all unsere tage folgt alle nacht lang ein tag.
der wind geht durch unsere augen. unsere haut sitzt noch hier,
während unsere seelen die maschinen schon hören.

ich verbeiß mir die zunge. das glück ist kein scheues tier,
nur muss man herausfinden, welche klänge es mag.
ich leihe dir mein ohr. es spricht mit dir.

*nach Mathias Huber und Ibrahim Kaya*


**richtmikrofon**

es fliegt ein lauschreiher über die stadt,
mit dem lufthansalogo getarnt durch den smog.

innere sicherheit beginnt im ohr & endet
mit einer schusswunde (mit schalldämpfer).

»wir werden über die stadt einen bedeutsamen
polizeischleier legen«, der unterhalb der bedeutung

der worte die stimmen zerlegt. digital überlagerte kurven,
abgetastete lippen & stimmband-schleimhäute,

vollgesogen bei alkoholikern & nur ungleichmäßig
zum schwingen gebracht. »das meiste

schreibe ich im kopf, das heißt, nach gehör, nach stimme.
es beginnt im innenohr« & endet mit entrundeten

hinterzungenvokalen, die man nie wieder los wird.
es liegt ein lautschreier auf dem asphalt,

der eine dicke lippe riskiert hat. die foren-
sische phonetik hat die labiale verformung erfasst.

ein asthmatiker verrät sich durch den klang seines atems.
das meiste schreibt der dichter im kopf, aber wenn

pfeifende S- und sch-laute auf eine zahn-
lücke hinweisen, ist der kopf nicht mehr dicht.

innere sicherheit beginnt im kopf, völlig unabhängig
davon, wie gut oder schlecht das tonmaterial ist.

bei 3000 welt-sprachen stoßen wir schnell an die außen-
grenzen der festung europa. es gibt kein system,

das dialekte erkennt. ein speichelrissgeräusch
zerreißt das trommelfell, ein krachen im kopf-

hörer. wir atmen auf.



**tastatur**

das tastbild deiner brüste auf meinen händen
glühte noch nach, als du schon aus der tür warst.

deine unsichtbar unter meine tätowierte haut,
eine nur von innen heraus lesbare schrift.

ihre signale schwinden auf dem weg in die sprache
& reduzieren sich auf ellipsen wie »voll geil«.

voll keilschriftzeichen mein zernagter hals. deine baby-
lonische kurzschrift, prägebraille, die auch ein blinder

sumerer lesen könnte, tinte könnte sie füllen & drucken.
ich ertaste sie, ich spüre sie, doch ich kann nicht die sprache.

das testbild der wüste zwischen zwei wassern:
ausgebranntes zweistromland, tiefdruckgebiet.


**Ankunft Eines Zuges Im Bahnhof**

Von La Ciotat: der erste film, gedreht
von den gebrüdern lumière. sie hießen

licht & erfanden das lichtspiel. nur war es
damals kein spiel, sondern reproduktion.

allerdings mit gewaltigem anspruch:
das älteste lichtspielhaus der welt

blickt auf den strand, das offene meer & heißt Eden.
der name verheißt ein bordell. nur gezahlt

wird hier wahrscheinlich nicht mehr. rosarot
blättert der putz von den mauern & auch

die plakate. jenseits vom Eden die verlassene werft.
die verwackelten masten. die scheiben unterbelichtet.

die mauern ohne technicolor. nur der krupp-kran ist grün
& ragt in den himmel wie eine raumschiffkulisse

aus einem B-film der 50er jahre & ist doch
ein souvenir des industriezeitalters, das in la ciotat

geschlossen wurde, als die werft pleite ging.
der tonfilm wurde nicht hier erfunden, das fernsehen

nicht & das internet auch nicht. über der bucht
übt ein löschflugzeug das aufnehmen & blasen

von wasser. den strand entlang wandert der sand.
& fest steht nur eines, hier am westlichen rand

der côte d'azur: es gibt keine bäume am strand
& *die welt ist da, wo der wind ist.*

*nach Moritz Weber*


**london-by-the-sea**

brighton, the corners: traurige pärchen
zwischen vorhang & fenster aufgereiht
an den wänden der hotels ohne seeblick.
wochen im ealing circle zwischen LADBROKES & TESCO
& überwachungs-TV. (im herbst sind die züge
nach süden nicht mehr so voll. die autobahn eher.)
das wochenendkino: ein dünner schweißfilm,
fliegender atem in stereo.

wir lecken uns salz von der haut: wie wild-
tiere in der freischusssaison. dirty weekenders,
aber reinweißes licht, geklärte nacht für eine minute.
am sonntagmorgen Eastenders im hotel-TV.

brighton, shady lanes & shady characters,
die das harry-lime-thema auf der drahtharfe
deiner nerven spielen, während die promenaden-
lampen ihre schatten offdroppen: »did you have
a good time?« nur steine gab's am brotlosen strand,
salz zu trinken. (auf der anderen seite
die gleiche scheiße: ostende, & dazu
mayonnaise.) »... made us fish fingers, mum!«


**im bilde**

als hinge ein koksschleier vor dem himmel
wie im ruhrgebiet als es noch kohle gab

oder als sei die welt ein sepiaabzug
aus einem vergangenen analogen zeitalter

spielt der himmel ins bräunliche
hat das licht einen stich

stapfen wir durch die knietiefe körnung
& hoffen wir nicht aus dem rahmen zu fallen

fühlen wir nostalgie nach der gegenwart
& spüren wir die enge unseres büttenpassepartouts

bis uns die sandgestrahlte wirklichkeit aufgeht
das braun in der luft schwebsand aus der sahara

& der wind der ihn trägt stärker als alle worte
der staub in den wolken zäher als jeder satz


**weiße nacht**

ich bin ein schaf weil ich nicht weiß
warum du nicht mehr da bist
ich bin ein schaf unter vielen
die der kellner auf den bierfilz gemalt hat
jedes steht für ein getrunkenes LAMMSBRÄU
ich bin ein schaf aus schmutzigweißem papier

aus schmutzigweißem papier sind die wände
ein salzstreuer voll sand auf dem tisch
aus schmutzigweißem papier ist der toast
dazu ein trauriger *bluebeat in london town*
aus schmutzigweißem papier ist das tempo
*& ska in jamaica* »ja mei kann das schon wieder

der heuschnupfen sein?« nein ich glaube
ich habe einfach die nase voll
davon dass die uhrzeit den fortschritt predigt
ich habe einfach die nase voll
davon dass mein herzschrittmacher rückwärts geht
ich habe einfach die nase voll

ich bin ein schaf & der herr wirt weidet mich
allah wollte es so ton steine scherben mumtaz mahal
aus schmutzigweißem papier ist dein denkmal
ich habe einfach die nase voll & leergeweinte augen
die sind nicht weiß wie der marmor in indien
sondern weiß wie der winter mit dir wie der bierfilz vor mir

weiß wie das papier auf dem jetzt dieses lied steht


*nach Mathias Huber*

**raufaser**

seit drei tagen
streiche ich
die neue wohnung

die zeitung von heute
nehme ich mit
als unterlage

es schneit

übermorgen werden
die wände weiß sein
wie der schnee im park

die zeitung von heute
der schnee der morgen
von gestern sein wird

ich streiche

die farbe von heute
die zeitung von gestern
die wohnung von morgen

streiche ich

weiß

*Andrea Heuser*

**NACHTSICHT**

tropfen, neonlichtig.
scheinwerferblink,

       *black –*

scheibenwischer
heben
   senken sich
beatmen
mein nachtgesicht,
ich halte es
zwischen den händen
dass es mir
   dass es nur nicht zerrinnt
in dunkelheit,

         das licht
         deiner nachttischlampe
         hinter der jalousie.

## LOST THINGS

da liegen.
       übers ufer weht
nur ein geräusch
       gischt, salz & haar
       mit dem sand
       im selben langen atem
bewegen & bewegt werden
darin
mein offenes gesicht,

       *wo ist der riese, der mich*
       *vom hohen felsen aus*
       *ins meer gestoßen hat?*

dein blinzeln.

## Aurora

nur einmal ist das: ganz und gar
sommersein, als bienengesumse
um tische mit kuchen, limo und beine
mit anlauf und platsch in den see
vom grund her die süße ziehen
aus jedem nutellaglasmorgen
der tag ein großer, grüner dino
kickt all die kleinen steine, die büchsen
auch schrammen weg und bauchweh
wissen wo die zahnfee schläft
beim teller milch dicht unterm bett
    bis auch dort licht hinfällt
auf einmal ist sie fort

**DIE VIER ECKEN VOM WIND**

      I.

DER TAG senkt sich dir
über die stirn, befühlt den
mageren lohn, wartet.

      II.

WIE viele flieger –
und nicht ein stein, ihn hoch zu
werfen wie krieger!

      III.

HIMMEL FÄLLT, geschwärzt
vom meer rollt er die leiber
an land ans land, allah!

auch DER MOND ist aus
gegangen ins rot
die ränder unserer haut.

AM MORGEN häuser
die sich nicht mehr bewegen
wollten, verschwunden.

IV

schnee SIEHT sich fremd:
all die bleichen punkte
gehalten von kälte auf stein.

STEINE LIEGEN betäubt
*schaut, wie die bäume laufen*
während sie schlafen,
          die ecken vom wind.

## DEUTSCHER SÜDEN

*für robert schindel*

es ist sommer, endlich wieder
rotes meer formt sich zu dächern
einer stadt, die heiße herzen
meines auch, in ihrem ausschnitt hat

daweil in innenhöfen klingelt es kinder
bis zu den fernsten fenstern morsen pumps
das bild schlanker beine herauf
bienen summen ums luftige kleid

könige der welt fahren wieder frei hand
unter kaffeehausmarkisen wird italia serviert
ein bißchen schoko-ethno-pop dazu

nur die häuser bleiben auf linie stehen
stramm im stein, den straßen gleich gültig
daweil entlang der gärten schäumt mir das bier
die paar leuchtenden jahre.

*Andrea Heuser*

## REWIND

an diesem morgen
wachten wir leiser auf.
das zimmer war kalt
vom regen

über deinem gesicht
das haar gefächert, fingerbreit
dahinter die augenlider
ganz bei dir bewegten sich
mich, es ist
               nicht gewesen.

**GESICHTET**

gelegentlich
kein klingelton.
dennoch: alles vibriert
bewegt sich
elementare teilchen
flimmern
      erigiert
durch wimpernschlag
pulsfrequenz schnellt
in höhe der augen
zu ungunsten der seh-
schärfe dafür:
           HOT
innen
mittig
ganz & gar
      ein großes O


**ICH, FLIEGE**

auf dich, gegen glas
fall auf dein blickrandbett
bleib liegen

**NOTAUFNAHME**

hinter augenlidern
länder aus glas.
der walfisch in meinem kopf
treibt wasser nach vorn
    *sprechen-Sie-deutsch?*
stimmen,
im riss zu wohnen
gewohnt, daran entlang
meine hand nach dem was tuch
haut, wort.

**ERSTE LIEBE**

fand dich am wegrand
hob dich nicht auf
ließ dich liegen, beschwert
ging ich weiter

*Hendrik Jackson*
*Wetterfelder/ Verschwommene Ränder*

I

Fahrten lauter Lichter, Eisentüren, über uns Cassiopeia,
unwillkürliche Reflexe verwischten die Momentaufnahme
*(Schattenwände standen)* – der Puls der Ampelschaltungen,
einen Brief in der Seitentasche liefst du verliefst dich
im Dunst, plötzliche Panik trieb an: im Strom der Stadt

*(strömender Regen)* – Müdigkeiten überschwemmten,
ein Detail verlagerteseine Referenz. die ganze Weite ringsum
riß auf, Folge ineinander drängender Luftströme. im Cafe
der Abglanz eines jubelnden Bildes *(lightning fields)* –
die diffuse Angst unter Überlebenden zu sein

## II

an den Fassaden lief Regen ab. ein schwarzer Vorhang
beiseite geschoben, Rinnsale, unter metallenen Schildern
spülte es Bildfragmente weg, quillende Laute im Dickicht
*(Kulisse)*, doch verwittert. ein Insekt fiel in die
Straßenlaterne, es knackte – dann der ganze

Strassenzug mit Himmel *(die Stadt gab es nicht mehr)*
befleckt. unentwegt unbewegtes Sich-Entfernen
*(von weit her)* Grollen Grauschleier erkenntlich
nur auf Photographien. dein Blick – sah ich –
führte an mir vorbei. später nahmst du die Fährte auf

## III

...leeres Brennen *(i shaved the mountains)* Eis am Fenster:
Kristallisationen Verläufe schwarze Schemen – und allein
gelassen die Lichter, deren Ketten sich durch die Häuserreihen
zogen, die immergleichen gedämpften Laute wo die Grenze
zur Dunkelheit war – auf der Allee dann schien der Schmerz

stumpf. das bekamst du ab. es war ansteckend, ein Denken
das schneller als das Denken war – uns überstieg es...
*(unstetes Gemurmel)*, schlohweißer Himmel hinterm Schornstein
*(Schatten)* – die Krähe, und alles wie aussortiert – lästiger Plunder.
Barometer Niederschläge und kein Anzeichen für Wunder

*Wetterfelder/ freeze frame*[1]

[1] *sprich: Standfoto-Kopie,* still, *das im Film kopiert wird, also (unbewegt) fortläuft*

I

Geklirr gläserner Eiszapfen, das kalte Glas vor der Auslage,
einige Kristalle *(Siedlung).* den kurzen Moment lang war
reines Nichts der Horizont im Umdrehen weit
*(die Lider wie weggeschnitten)* – flirrende Luftschichten.
du träumtest: dieser öde öde Nachmittag.

ein feiner Riß – Lächeln, der Lautsprecher schepperte
im Eiszelt, stetes Summen des Aggregats, wie wir vereinzelt
ausschwirrten: kurzweilige Unruhe, fliegende Schatten
über gleichgültige Gitter *(alte Reklamen)* hinweg.
Dunkel sickerte durch ein Loch am Himmel

## II

von der Seite zog es in die Ärmel, einige Halbworte
verschluckte die Müdigkeit, zogen wir in die kältere
Frostluft an der Rückfront eines entfernten Gebäudes,
ein Paar zwischen den Häusern, nachts der Baum
*(Kescher)* durch den knisternd Winde abflossen –

langsame Scheinwerfer Stille körperlose Schritte, dann Sätze
einer hergebrachten Handlung *(Zwischeneinblendungen).*
im weichen, weißen Mantel floh die Eisprinzessin
vorüber, Geister gingen durch die Reihen der Sitze,
der Häuser *(deine Hand lag leblos in meiner)*

## III

die Tür klappte auf: der Schnee fiel in dichten
weichen Flocken, stäubte, da begann etwas
halb Vergessenes – Gedanken passierten mühelos –
zwei standen unbeachtet wie wir damals
aufmerksam auf einen Arm *(Pelz)*

auf eine Wendung, erstaunt, im Gespräch
um Zuneigung – das Fahrad, Gestänge und Lenker
Schnüre und Speichen wurden weiß, wie von Kokos
überrieselt *(die schweren Mäntel)* – feine, zweifelnde
Versprechen, dein zurückgestecktes Haar

**Rauschen**

Regen schuf sich sein Meer und das Meer seine
Wellen, schwollen Wolken über der weißen Gischt
des Meeres – Rauschen – helle Töne – und wie Staub
auf der Tonbandspur alles miteinander vermischt...
die Stimmen, flüsternd, treten hervor aus dem Gestern,
aus den toten Gesprächen, umwoben von grauem moiré
anschwellender ...sch...wellender Interferenzen, wohin
der Wind geht, ob er sacht aufbraust, aufrauscht, abflaut,
lau oder leicht anhebt, wie Flausch verraschelt oder aschgrau
in grau verstummt – eine Handbewegung wenn wie
nach langer Krankheit alle Gleichzeitigkeiten endeten alle
Böen sich wendeten aufgebäumt Fragen sich leichthin erhöben

## Selbstportrait mit Sülze

Kälteeinbruch im April. Ecken, Kanten,
           Etagen wie angeschnitten, los
*(schräg)* im Gewühl der Abendstadt,
               farbverlaufene Ränder. eben, jetzt
in einer Geste *(Licht)* Meilen entfernt von dir,
           träumend an den dunklen
*(gläsernen)* Bäuchen entlang, warmer Halbschlaf
       – umdöst, dann wieder

*(von Autos)* ein Tosen *(brandet)* steigt
           in die Augen, ins berauschte Blau
auf *(ab)*zutauchen, während Menschen mich
         striffen, vorbeischwankend
*(kosmische) (komische)* Langsamkeit
              – einzelne Bilder – verschwommen
hinter Glas, abgelöst in der Luft treibend
           *(tote Winkel)*, schwer und fast

Verworrenes. kein Grund mehr, zu bleiben,
          dunkel sei, was war, wird werden
*(Satzteile)*, Fell des Fuchses, *(dämmert es)* Schafskopf.
      gute Nacht. aha –
Räuberei folgte. Versuche, eine Impression zu tilgen,
          in Schleifen verhangene
Wünsche, nachtrübend. Nacht-Rübe, wie in Sülze, verblödet.
      Türen – fallen

## Mittsommernachtstraum

*(wie nach langem Schlaf)* schien dies Zusammenkommen, leichte
Luft, Cafés, Kastanienallee *(Allee)* – verschwommen kam da *(bis
ans Ohr)* vor ein Gemurmel *(spanisch)* und schwarz der Himmel
inmitten des Gewimmels vorwärts, wie benommen *(redeten)* wir

– der Sommer. hier Sterblichkeit? und du, entdeckte ich, mir wie
unentdeckt, bloß *(dein Arm neben mir)* eine vertraute Freundin?
stieg es zu Kopf, unser Los, draussen *(Geräuscheregen)* spielte uns
Puck zu über *(Freundes-)*Bande, etwas löste sich *(Schleifen, Jahre)*

rieselte auf die Augen, entfaltete Ausschnitte: übersäte Straßen
Sterne *(sprachst du, russisch)*; Dickicht und hinter dem Verstand
Gewirr ineinander vertauschter Zeichen, ich wußte nichts, reichte
es beklommen weiter, klammes Tuch im Dunkeln – nichts und dann

untergetaucht in diesem *(allmählich schweren)* Gedränge aus *(Traum aus)*
Modeschick, sah ich *(Bändeleien)* dir zu, unverwandt; Luftraum uns
angetrunken – stand offen, schien es kurz, entfachte sacht Rausch
*(regunglos)* ich drehe mich dir zu, sehe deinen Mund und küsse dich

**Prag**

lichter Regen brockige
Felsen, in die Gegend gestreut, Bretter
die auszubessernden Gleise, es klingt
wie Metall, ein Laut geht durch die Hohlräume des Zugs...
o die Frauen Kafkas und noch schrecklicheres
     aber die Brücken, die Brücken, die für alle
glänzen, Lichtperlen, die die Abendbrust schmücken
der schimmernde Fluß, tiefblauer Ausschnitt
– viel zu üppig *(wogend wie Sopranbusen)*
     und urplötzlich in einem Viertel, an das ich mich
erinnere wie an eine andere Stadt
     und nach jedem Schluck Pils
quillt Glück, verquollene Augen
     Angst, sich zu bewegen, diese Hoheit aufzulösen
dann eine Gestalt wie von dunklem Moorlicht verschluckt
*(Froschauge)* copyright by Teich

## Inventar der Welt

Wanderschaft ? Stimmen? *(sirrende Drähte)* – sahst du
    beim Landen: himmelwärts – im Flieger gehörtest
du vielleicht zum Inventar der Welt, in den Augen des Kindes.
    – erst liegt das Panorama da wie eine Eidechse,
dann plötzlich wischt es vorüber. stufenlose Verminderung
    der Intensitäten, in dem Glas schimmerte Angst.
*(bobeobi peli guby)* summtest du. so oder so beseelen wir nur
    fremde Interieurs – leuchten zwischen globalen
Leerstellen *(Strohfeuer von Puppen)*. aber an Schwermut
    zu saugen oder den Zaunkönig zum Vogel des Jahres
zu krönen – ist eines. wie in Endlosschleifen, verhangener
    Ausnahmezustand: völlig benebelt *(ein mail)*
brennt der Herbst auf – weht aus der Tür des Cockpits

## Adrian Kasnitz

**dornen (ostseelied)**

am bahnsteig die küsse
witzlos, die bewegungen
ungelenk wie etwas sterbendes.
das ist ein unwiederholbarer
abschied, der sich streckt wie
die waggons eines zuges
aus dieser stadt an die ost
see.
die idee liegt nackt in den dünen, gras
das keine körper zu bedecken vermag
geschweige den geschichte.
einen moment lang eine unvorher
gesehene stille, die dich nach
schweden trägt oder litauen.
ein bein gespreizt im wasser wie
eine nehrung bei durchbrechendem
mond.
im fond rühren längst gesunkene
dampfer an der haut des gedächtnisses,
von aalen blank gelegte knochen, die
einen totentanz aufführten, möge man
sie bergen. es pocht in meinen
adern, da du auftauchst als ein
gespenst, ein wesen aus den
fluten, das mich erregt, gischt.

**jalousie**

durch die jalousie dringt sonne auf deine lippen,
schmale fremde länder, die beleuchtete scham.
der wechsel von hellen und dunklen streifen,
deine beine bewandern striemen, bündel klettern
zum bauch, zu den brüsten, verenden am hals.
lichtlos der kopf, ein schwarzer spot, ein nest
für schatten. womöglich ein schurkenstaat.

es ist die mittags gebuchte sonne, die dein becken
bestreicht. sie blinzelt à la mode, scannt deinen körper.
das auf- und abfahrende licht speichert dich:
du = eine abrufbare datei. ein wiederholbarer zugriff.

meine augen geblendet. die lider flimmern
als träte ich ins stroboskop. kein tanz von fliegen,
nicht die geringste bewegung (von dir). es klebt ein schatten
an schultern, ausgesetzt die unbewachsene brust,
eine wüste, durst, ein wadi im atlas. es rührt nichts.
doch das glied bäumt, wächst ein ast, ein balken, du spottest
wenn er sich biegt. die finger, gesponnene fäden
um den spindeldürren körper. etwas wind fährt in gardinen.

**theodoreninsel**

die hand eines riesen ruht im wasser.
sie birgt ziegen allein und etwas strauchwerk
das in der sonne darbt. wir stehen am strand,
ein blick von ufer zu ufer, von insel zu insel.
dein blick trügt meine augen. suchst du eine farbe,
trägst du einen namen?

unter der dusche kühlt ein tourist. niemand
unter den kieseln, die wir dem wasser geben.
ein schwung aus dem gelenk, eine botschaft
für den ruhenden riesen. das wasser in wellen
speist unsere körper mit trägheit.

ein schwung aus dem gelenk, ein wurf
auf noch festerem terrain, wo französische
paare bälle werfen. zum himmel steigende
liebeskugeln? die niemand fangen darf?

unsere neigung bleibt eine enzyklopädie
ohne eintrag. wir schlagen die seiten auf
und beginnen zu schreiben.

**francis bacon in siegen**

die *meisteleute* schlafen wie gras
in fugen. die autobahn über den
köpfen, eine betonwand gen
himmel. kein babel nur eine
hingekritzelte tagebuchnotiz. von
oben: sieh lichtpunkte im wald, farb
kleckse, eine wiege, den geliebten
zu behüten.

**rüschhaus**

die droste im negligé ohne schlaf. (eine wespe
die ihr schwellungen stach:) kein liebesmal, kein
erträumtes, allein ein *nicht-mal*. schau: schwarze schwäne
auf halber strecke. aus dem erkerfenster
die gardine als zeichen. sind's die lieben
verwandten, die fäden spinnen und aufschauen
von den bilanzen? ach, das viele schreiben...
so aufgescheucht die ärmste, so ausgetrickst.

**aus dem gebirgichten westfalen**

zur zeit der schneeschmelze ein wasser
kalt und klar wie ein ruf.
dein name ein ins rollen geratener schiefer,

womöglich ein ans metall gepresster kuss.
ein hochspannungsmast, der das tal überbrückt.
ein abgrund ohne röhrende hirsche.

der wald singt mir einsamkeit.
es taut, es schneit wieder, es taut.

## hagen hbf.

der personen gelbe beine staksen
in der rauchfreien halle, ungeduldig.
anrollendes. anrückende truppen, soldaten
unterwegs zum übungsplatz:
marschieren immer nach dem gleichen *munster*.
ein heilloses dröhnen, rangiergeräusche,
panzerketten oder der unhaltbare ton der schienen.
eine maschine der mensch (blaue
augen / gescheckter leib) und die
mahlzeiten wie befehle eingenommen
mit hast und zum wohl der geschwüre.

**limnigraph (luzern)**

die promenade im schatten, trägheit ausgebreitet
wie eine picknickdecke am sonntag. die passanten
atmen muße, tragen aquarelle zur beschäftigung
der blick streift abwesend über see und berg. an
der kante bricht sich licht.

unterhalb liegen schiffe in blau. die taue krageln.
eine kühlende ruhe, eisige hände, lächeln aus frost.
reuss abwärts endet die täuschung, beginnt
das geblichene zu zucken. eine autobahn. ein alltag
im berufsverkehr. stoßzeiten auch zuhause einzuhalten.

wie hoch steigt's? fragen sie und gähnen. sie kennen
die angst nicht. sie befällt die fremden en passant.
es ist nur ein leises berühren, ein zupfen am ärmel.
es reicht ein gruß vom trottoir gegenüber, aus der ferne.
was ist? fragen die passanten und zählen wellen.

die fremden retten sich in ein café mit angemessenen
preisen. eine blonde bedient. man ist schnell verliebt
am nachmittag. es mag regnen und ein kuss
erleichterte. aber sie nehmen gift.

*Adrian Kasnitz*

**reigen**

aus den kellern ertönt das alte lied:
»wir traten auf die kette,
und die kette klang.«
aber niemand hört zu. nur
fleisch, das an heizungsrohren
schabt. die kälte von menschen.
und ein leises säuseln. sind's
die abflussrohre, fragt das 6-
jährige. und das 7-jährige nickt.
aber im dunkeln ist es keine
antwort, kein erkennen. die augen
geschwollen. eine seltsame allergie
gegen das sich nähernde. sei leise,
flüstert das eine, und das andere ver
stummt.

es klirren die ketten,
der riegel gibt nach. und ein traum
von schokolade, eine hand von mama
oder papa. während die hemdchen zittern,
fröstelndes frottee. schritte. schlurfen.

klirrende ketten. der riegel gibt nach,
also schreck, also ohnmacht, also bewusst
losigkeit. *BIST DU LIEB* eine ohrfeige.
»du trugst ein kittelschürzchen.
du warst so blond, du warst so fein.«
das eine winselt, das andere singt:
»wir traten auf die kette,
und die kette klang.«

**zu leugnende abschiede**

stiebende tauben mit flügeln
wie gestärkte tücher, aufgeschüttelte federn
in einer nacht ohne schlaf.
weiche nacht. zähe nacht. wolkenverhangener
tag, der sich anschließt ohne abzureißen.
als fortgesetzte mattheit. /
ein krächzen, ein schaben, vielleicht nur
das geräusch der geteilten luft, vielleicht
ein leiser wink, ein mutloses versprechen
einlösbar, nicht auslöschbares licht,
eine motte kreisend, eine irritierte stille.

**fordwerke nord**

es mangelt an wind, an einem herakles,
um die hallen zu fegen, den ausdunst
von den körpern zu wischen,
die temperatur der maschinen zu drosseln.

schweißgeruch an den nahtstellen
von chassis und karosserie
als spielte ein akt auf der mitarbeiterinnen
toilette (in der gruppe: kein wort,

hörst du): das singen der roboterarme,
das rieseln der farbpigmente, das klappern
der wartenden verladewaggons, das knacken der
geparkten wagen in der sonne, vor schicht.

**wespen im glas**

es ist august, sagst du, dein monat.
es hängen wolken unter den achseln.
kleine rinnsale an der flanke, eine
wohlgedrechselte taille. du benetzt
die lippen mit einem getränk. es lockt
die wespen. wir fangen sie im glas.

## Jörg Matheis

KÖNNTE SEIN EIN WISENT
wallt zottig und grau durch das Tal
äst es die Schlafähren weg

da weht dein Zigarettenrauch
hinunter vom Terrassenrand
die Maserung der Steine die selbe
wie die der Haut auf unsern Sohlen
bist du mir Qualm und Aschekegel
so war ich wohl dein Köhler

ein lächerlich großes Experiment
erkaltet während es von niemandem
mehr wahrgenommen glückt

als seien die Stahlwände abgetragen
die Kirschbäume gezündet gleich
einer Reihe umdrahteter Magnete
weißglühend im technischen Museum
zwischen den Astgabeln brummen
wie Elektronen die Junikäfer

bald rollen schwarze Krümel uns
Bienentreppen aus den Augenhöhlen
im Brustkorb erkaltet die Schlacke

das Wisent stürzt und sinkt ins Moor
die Hänge ins Tal riechen nach Farn
im Sommer noch Mohnflecke
rot auch die Milane die kreisen
dann Schwarzwild
Keiler und Rotten

jetzt endet immer ein Jahrhundert
in rostigen Drähten lang
anhaltende Winde die leiten nur sich

danach eine Eiszeit
das Gelände wohl begradigt
auch Sprünge der Evolution
im Schotter von Moränen
gegletschert Obsidian
blind schimmernd

NUR NOCH DAS:
die geraden Teile der Stämme erinnern
daß die Allee hier mit spitzigen Fingern
am hellen Hintern des Mittags fummelte
und ihre Dauerwellen in den Wind warf
jetzt wie Grünspan auf ihren Ringen
der Meternutzen mit Sprühfarbe markiert
die Restwerte die Bäume

das Geäst verwaltungsplangemäß
im Februar zersägt -hackt -schreddert
ein Kienspantafelberg ein Tabaksschiff
im Mai könnt's glatt ein Meiler sein
vom Pollen liegt er sattgelb überascht

im März hatte es noch geregnet
ein paar Tage lang Erosionsversuche
außen probte das Holzpuzzle Verrottung
innen aber blieb es warm und trocken
und Mäuse tunnelten den Berg

sponnen ihren Kyffhäusertraum
nahmen die Tausendfüßler für Barthaare
und die Asseln für Fingernägel des Kaisers
bevor sie in Eisnächten Nerven zeigten
und dem Bauch näher als der Weissagung
selig das Gliedervieh verputzten
dem Nachwinter zu und dem Hungertod
von der Waldarbeiterschippe

AUS DIESER WINDIGEN HAUT
brechen im Schlaf die Flüsse singen
die Aale im Kanon von Steinen

ölige Leiber voller Geruch und Hormone
lockt das nicht an die Backfischlöcher?
schmal feucht münden die Zähne

an den Schuppen angespülter Schleihen
neben Ratten die mit Wasserfüßen
paddeln daß es schmatzt im Schlamm

der Mond darüber gillert schmal
durchs Frühjahrszweigen sein Lachen
das klopft schummrig an die Fenster-

läden und dann an die Kirschholzaugen
vorne am Doppelbett

*nachtschwimmend ich: das missing link*

                    (in mir verliert
ihr allesamt jetzt nochmals euer Geld

versoffen und verspielt den Tütenlohn
der Nagelschmiede weg der Silberton
die Mundharmonika, Großvater, deine

Spucke auf die Bundfalte ausgeklopft
Grat auf deiner Kniescheibe: damals ihr
glatter Bruch auf dem verharschten Hang

Wolfskaut hieß die Tannennadelsteppe
eiskalter Schmerz hundert feinster Stiche
wie Spitzenbordüren aus Ameisenpisse)

ES ZOG ÜBER UNS HINWEG; als es herangekommen war –
sie: die Illumination – verstanden wir wie Götter einst
erstanden und funkenschlagende Hämmer (nichts
leider über die Raben, nicht wahr?) dann als der
Regen – sprich: »die Wasser« – stark wie ein
Gebinde aus Tauen niederschlug sagten
wir »Faraday« (dachte ich »far a
day«) Bruchstück einer Formel
ein Name, mehr noch ein
Wort nur, wiederholt
gerann es uns zur
Beschwörung,
die genügen
mußte
wir
:
eingeflüsterte Könige des Halbwissens dank der Zeit
unserer Geburt (... »Woodstock« ... »Kniefall«
... »Dien Bien Phu« ...) für immer verhaftet
dem letzten Jahrzehnt (zur Hälfte, dachte
ich, vielleicht ganz ein Herrschaftswort)
der letzten Handlänge eines Hunderts
Tausends ... »willkürlich« sagen wir
sonst angesichts dieser Rechnung
der wir nichts entgegenzusetzen
haben, denn danach kommt
nichts mehr (du zählst die
Sekunden zwischen
Blitz und Donner,
ein umgekehrter
Countdown)

ZIEHT SICH ALSO DER ABEND
unter Brüllen zurück (denk verwundert
»blutig ein gehetzter Hirsch«) aus Licht
und Wolken seine Fährte

liegt vergorenes Schnittgras
drüber rotierende Mücken
rot die Zungenspitze – plötzlich
schwingen die Schwalben

die ersten Tropfen schlagen auf
der Abend eingebrochen
(also »die Fesseln und das Messer
das ihn enthäuten wird«)

gelb steht der Riß (»seiner Augen«)
auf den Hügelkämmen – das kracht
der Himmel jetzt geflözt geschiefert
spiegelt es lauthin zurück

VÖGEL ÜBERALL
eine Frage des Blicks

Dunst überm Damm
das Land hält eine Schweigeminute von Stunden
und zeigt nicht wofür
gestrichelte Grenzläufe
Bäume wie Halbwertgraphen
ein Nebelfoliant

überm Dunst vielleicht die Gänse
der Fluß eine Zinnweiche
übergossen und starr
eingelassen Kormoranschatten

das Kind erwacht im Zimmer
ruft die Vögel ins Holz der Deckenverschalung
etwas flattert auf

DIE OBSTBÄUME
beschnitten auf den Stumpf

    die Zeit als Worte steiler wurden
    die Böen damals zwischen
    Dämmerung und Honigbienen
    und glattgerührter Wundfarbe
    die Temperatur der Atemnot

gereckt für aufzusetzende Asttriebe
(Possen nennen sie das)

    die Wiesen überschwemmt
    von Möwen die im Unglauben
    keinen Grund zum Landen finden
    vorm Tor der Traktorhalle
    ärgerlich zerschnäbelter Kompost

in jeder Furche eine Wetterseite
Raum für ein Schneckenleben

REGENVERDACHT
die Katze frißt Gras
aus den Mauerfugen

wo Nacht wird
aggregieren die Annahmen zu dunkler Gewißheit
und der Boden stellt wunderbar glatte Fallen
aus Eis

schon nieselt Staub
Abrieb unserer Haut
durch die Tage

fällt Licht darauf
aus den Lampen über den Bewegungsmeldern
strahlen wir kurz und fahl wie Wintermücken
im Schwarm

die Katze sucht
bei den griesigen Steinen
nach Unterschlupf

Entwürfe eines Graus
festgehalten von den Beobachtungskameras
auf Fotografien ohne Beweislast: Modelle
einer Wetterfront

WO DIE WOLKEN AUFBRECHEN
in der Windstille
hat der Himmel keinen Auftrieb
er fällt und der Teich wirft ihn zurück
Klarlack in dem die Gänse festkleben
werden für immer

auf den Kopf gestellt die Erdwälle
die Kreuze von Strommasten und
die kahlen Bäume
plastinierte Adernetze einer Lunge
posthum und nur noch Oberfläche

DANN SINKEN DIE LIBELLEN
wie Pollenschirme auf Wasserrose
(blind an meiner Hand glaubst du mir
die Blüten in der Entengrütze)
der Teich zittert scheinbar vom Licht
wer bringt die Windhose?
Insektenflügel verschwimmen
(Schilf Ufermoos Staudengewächse
halt sie im Blick die Libellen
denn ihre Liebe heißt Klammern
am Nacken des andern)

dann spritzt ein Hubschrauber
Bindfäden aus Rotorengeräusch
(wir schämen uns – das Radio
fast leere Batterien und Rauschen
von Atmosphäre in deiner Hand)
dann haben wir nicht aufgepaßt
dann finden wir sie nicht wieder

Kraniche riefen jetzt vielleicht
Libellen rufen nicht

## Christian Schloyer

**& suche nicht nach murmeln im flussbett**

ich wäre gern an der erschaffung der kiesel
steine beteiligt gewesen:
    die rundgeschliffenen · münder +
        nasen · ziehen vorbei
            & ihr verwässerter blick · fällt

in die grund
schwingung gleichfarbener urmeere

    zurück · bleibt insgeheim mein sehnen nach
deiner stimme: *an ihr hätte ich mich gerne beteiligt oder*

    *vergangen* · die wände
hinter den türen in den räumen unserer

    liebesnächte · alle akren glatt
geschliffen im fluss

**ges-dur** */für Gabriele*

kaum rührt der klang deiner hand
    das geländer · es tönt
        *über tanzendem wasser* · steigen die vögel

aus ihrer bindung im grün; dein aug
schlug noch jedem kristall einen flügel – ich strecke

die hand
    um in arme zu stolpern · fall ich

von schlafenden brücken; das nennst du
*schief moll*

    & dann improvisierst du · brennenden honig
+ salz in mein ohr

**eine zweite, fremdere bläue**

tang · gewürgtes am rand dieses süßlichen meeres / da bleibt
    es sich fremde / beischlaf · am meer

am rand heller stufen · führen 2 strände
    zurück · auf den grund / nächtiger blicke

am meer · waren tage / nächtige kinder
    aus süßerem tang · war ein taumeln ein geh'n

auf grund / war da ein grund · entlang / zwischen leuchtenden
    stränden / im rausch · im nachtwärts fallenden

blick / lag uns trunkenen heimat · 2x gestrandet
    gespiegelt / im meer

ein kuss in den händen · in taumelnden schatten
    schlich sich ein hohlweg / in unser genick

**unter großstadthimmeln**

unsere augen verlieren wir nachts
an die himmel: wir haben das nachsehen

    fest implantiert · zwischen iris +
retina: stratosphäre

    & sternschnuppen · billigen wir
ein eigenleben zu

*ein unentdecktes,* im gespinst
unserer blicke

    in ballungszentren · stell'n wir
die lippen auf stoßdämpfer um: wir sind ja

    fast blind · *tun wir ein werk*
*das man gern seinem stern überlässt*

**mars-hypothese:**

die verschmolzenen über-
reste eines exorbi-
tanten sand-
burgensterbens, wasser, mars-
mikroben, mars-
libellen + narbenmeer

*eigentlich will*
*ich dich haben, weil du so*
*schön bist*

**kontroverse mit dem sonnenuntergang** */für Fränk*

manchmal schiebe ich wochen
lang einen konzert
flügel durch die moonshine
summer-stadt – auch

nachts lässt sich kopf
schütteln ernten: seelchen
krämer versuchen nach dämmerung

zu blühen & strecken
+ schaukeln eifrig
die köpfchen

**superman im september**

sonneneinfallskorridore zwischen platten
bauten, relais für das blecherne echo der straßen
baumaschinen unter metall
blauem
himmel; der wächst
mir übern kopf
mittags
schließt sich die fontanelle: das innen
echo der welt
ohne fluchtpunkt
dann ist das herbstblau zwischen den bäumen
denkbar am größten & der welt
raum – muss ein paar stunden
ohne mich auskommen

**rippe**

wann immer ich
nicht weiter
weiß beginne ich
nicht weiter weiß wann
immer ich
mein krückenspiel; wann immer
ich mein krückenspiel
beginne – ich nicht weiter weiß:
bin ich wie weißer
knochen
aus arm + bein gebogen, beginne ich
mein krückenspiel aus rückgrat ich
nicht weiter weiß aus rückgrat
weich gebogen:
wann immer ich nicht weiter
weich beginne ich zu
brechen

## diabolo

trag du mal lieber etwas vernünftiges
in deinem köcher
*z.b. so etwas wie einen giftigen säugling*

lass die katzen aus dem sack
*alle! ja, auch die kleinen mit dem schluckauf!*
& pfeilschnell in die oper
mit dem u-boot durch die pegnitz

du gehörst halt zu den frühaufstehern: die mit dem wurm
    an der angel · zu bett gehen

& den pegelstand mit dem thermometer messen
    auf dem dachboden · hinter dem fiebrigen rücken

deiner tante vögelst du am besten & hältst
am zebrastreifen *bevor*
du jemandem den storch über

brätst du bist nämlich fein
    rippchen · adams · erste · sahne

**sine loco et anno**

ein sträubendes licht, ein irr
zwischen ästen: es *irrt* nicht mehr

    seit mondfall · bist du
so irrsam, so ein

*samtenes fern* – ein fehlendes wirren
+ werwort, ein *fehl*

zündender schlag, ein rohes, insofern
*innwändiges* heulen, so

    herz · kammer
        musik · *für bratsche + ofenrohr*

**wirrungen:** */für meine Schwester*

wo bleiben sie haften
    die berührungen · vor dem
        erwachen · die pirouetten schnäbelnder

flamingos vor dem
    spiegel · wort in komatösen wachzuständen
        im serail · schlägt kein kompass aus

keine alhidade – allein der puls, maß schlafgekörnter
    augen · blicke in arkaden, in alabaster

gekratzt: erinnerung
    auf marmor · + kuchen

**pluie**  /*pour la petite m$^{lle}$*

spieluhren dreh'n mich
    im flug · hafen moskau, wind
        beschneit · ihre rauchige stimme über meiner

nase: flamenco, ihre augen flamenco, ich darf ihren nacken
    erraten · was ihre hände malen: im gewitterschlag
        der tauben · wolken, ein straßenjunge putzt sich
            die zähne · den splitter in meiner schulter spür ich

den sektkelch, den käsegeruch, parfüm für mein wundgelegenes
    warten · ihre hände, ihr zögern auf einem

geschlossenen brief, ein kindheits-
    spiel · uhren, ein knäbisches zucken in ihrem weit

gefächerten blick & schneller dreh'n
sich moskau, flamenco, spieluhr +

    ein alter fotoapparat · spult
mich bild für bild zum anfang zurück

*Katharina Schultens*
*Korrespondenzen*
*(Auszug)*

**Tauwetter**

wirst du nun nachts wieder
alleine aus dem Haus gehen in
den alten braunen Schuhen Bianciardi mit
dem schiefen Absatz links & rechts
der losen Sohle, wirst du

über die Bahnhofsbrücke zwischen Pfützen Pfeiler-
schatten gehen immer die Schultern vorn als zög
dich wer an einem Seil sich hinterher, wirst du

in Fioravanti auf dem Kiesplatz zwischen
vom Wind geworfnen Plastikstühlen warten bis
die anderen kommen die voraus
schon ihre ausgerissenen Hunde schicken schließlich sie mit Wein
in Pappkartons unter dem Arm, wirst du

vielleicht mit ihnen trinken daran denken wie sie alt
sein werden bald & eher als sie es
sich ausgedacht, wirst du

an mich denken Bianciardi wie du mir
davon erzähltest zwischen Scherben in der Halle ich
alleine stand mit schön & schwarz
gemalten Augen sagtest du mein Haar
tief unter der Kapuze & versteckst

du dich die Angst steht springt
dir ins Gesicht geschrieben schriest
du mir ins Ohr Bianciardi alles

*Katharina Schultens*

was du tagsüber verschwiegen sagtest wie sich mir
die Härchen aufstellten zu Berge die Pupillen schwarz
& tief wie eine Schlucht Bianciardi weil
dein Atem so nah & so unnötig
an meinem Hals ein Tauwetter –

wirst du in diesem Winter dort wieder
zwischen den Scherben in der Halle
warten eine Halde wird dann die Musik

Bianciardi leise werden wie zwischen den Bergen zwischen
uns als wir von oben nicht herunter sahen als
alles zu sagen noch & schon
nichts mehr zu fragen war, Bianciardi wir im Irrtum
dachten es sei spät

**Bianciardi, es war doch so:**

der Schnee hat die Stadt aus-
gespart wir sitzen neben
einander am Tisch vor dem Fenster &
sehen nach draußen & nicht
zur Seite es kommt

eine Taube auf die Terrasse fliegt
gegen das Glas unsres Fensters bleibt
auf dem Stein unten liegen betäubt oder tot. du
hast die Kopfhörer auf du hast
den Schlag nicht gehört spät erst

fragst du nach & ich sage er sei
dumpf gewesen der Kopf habe sich an
der Scheibe verrenkt wie in Zeitlupe &
jetzt liege sie dort & hole
die Katze sie nicht so könnten

das Fenster wir nie wieder
öffnen – da sagst du nur du
wissest auch nicht wieso
doch auf dem Land da
liege schon Schnee.

## Hanglage

es fällt kein Licht ins Haus sagt
Mutter Lärchen Kiefern Kirschgesträuch
stehn westwärts & im Süden eine
rote Wand wie soll ich hier nach Farben
suchen wie soll ich hier nachsehen
was wird auf meiner Leinwand? nein

sagt Mutter ich hab längst
den Förster angerufen doch
die Wurzeln gehen tief sie halten Erde Lehm
& Schieferbruch auf daß
es nicht den Fluß versiegelt nicht
die Landstraße zuschlägt nein

auch das Haus steht ja
auf diesen Wurzeln Lehm & Schieferbruch sein Schieferdach
ist eine Spiegelung all dessen das
darunter ruht (Mutter
jetzt warte mal das umgekehrte
kopfstehende das Schloß im Lehm wer
träumte wohl davon?)

... nein einen Erdrutsch wollen wir nicht
Mutter riskieren auch nicht für die Farbe
einer Welt sag ich es fällt
kein Licht ins Haus vielleicht
gäb es nicht viel zu sehen vor
lauter Baumstümpfen an einem kahl
geschlagnen Hang lief dir die Farbe
in den Fluß davon

**Mutter, sag**

wohin in diesem Jahr ich lieg
in einem gelben Zimmer draußen
endet eine Straße singen Rasenmäher ein vermutlich grün
geschlagnes Kind schreit hier
von oben mir am Abend zu

wohin ich will ich sag
nach Hause dorthin wo
die engen Berge sind & Furchen voll
von Wald wo sich
inmitten von Gebüsch
in aller Stille warten läßt

doch noch dies Jahr? nein
nicht dieses Jahr wir bleiben hier
in unserem grünen Fleck in unserem Bettzeug so
sagt da das Kind wir hören also rund ums Haus
die Rasenmäher singen & die Straße nachts
an unserer Tür versiegen, atemlos

## Geröll, Viktoria

an der Felswand über der Straße. unter mir
sprengen sie einen Tunnel alle vier Stunden
schlägt der Donner durchs Tal

oben am Hang fällt die Farbe herab blättern unsere
Schatten vom Fels dein Haar & meine
Kapuze mit Kreide gezeichnet mit Lack
abgenommene Kontur im Profil

weiter den Hang hinauf bis zu
den Baumstümpfen hinunter
ins Loch zwischen Felsen dahin

trugen wir den Sand in Tüten da
liegt dein Schlüssel mein Herz es zittert
das Tal ja vom Donner wie hast
du mich hier im Gebüsch gefunden &

ohne Atem knie ich im Sand die Finger
in deiner Kreide grab ich hier
nach dem Schlüssel sag muß

ich grüßen? soll
ich sagen daß
die abgeholzten Bäume mir den Blick
zurück verstellen, immer noch?

## laß uns mutmaßen, Viktoria

I
wie es wäre den Regen
ins Dunkel fallen zu sehen wenn
sie ihn nur mit Neon versetzten er
ist ja kaum noch zu hören

II
könnten wir nicht mit beiden
Händen im Lehm die Nacht
zubringen gestern war doch
der Himmel noch klar ein Sticktuch
im Kreuzstich Viktoria die Sterne

**Schwarm**

von den Furchen in braunem Boden in lockeren
Schollen stand Wasser lösten sich
Tropfen fielen langsam nach oben eins
nach dem anderen trug auf den Flügeln
den blendenden Glanz einer im Gras von der Sonne
getroffenen Scherbe

es war als kehre
der Regen zurück um oben
nach ganz bestimmten
& schon Richtung Meer
gezogenen Wolken zu suchen
so uneinsichtig

## Mikael Vogel

**Keilen der Lüfte**

                        habe ich die Tage zu

Füttern vergessen; im
Schwarzdorn, im Farbdorn; *Eisenkomma*, so *Nadeln* als je ge-

Hört.. namlich das *Auroren* / *Verseen; so sehe ich wie*

*Regen*.. auf der Mund-
Seite / auf der Münderweide, dieses entgegen- und zu-

Flitternde *Raumzeug* – Früchte zusammen – nehmlich die Ver-
*Fassungen für ein Versalien Versaille* / habe die *seilige*

Mücke *seilend* im Flug der
Schwalbe *verschwinden gesehn*.. *Nervenbeet!*; die augigen

Spurn; im Kronengeraun vertiern.. außer *schöner Regen*; Er-

Häufungen; nehme *Werften von* Ast

                                     die ruhsten

Kurven / *Mittsterblichkeit!* –

                                    (habe ich
Die Auroren verfaltet)

### Die Espenspurn

Reisetrog / im stillen Austausch; die

Kehlen die (in die Tage rispen) inbugs
Wohnen.. ein Hafen aus trockenem Laub; vom *kleinen Käfer* der

(Schreibe ich dir nächtens) (das Unbetaschte!) *in die Welt hinaus*
*(mußte)*

*Sich seine Punkte zu verdienen – Rhapsodie* (wo die Sommerung er-

Bebt) / die Zusammennähen von Ode / *man*
*Wird mich gegen Abend verstecken müssen* -- (die Maske von

Mirabelle); die weite (wenn die Espen aufzu-
Hainen *außer dem Begriff*) *Verdorrniß* aus der sich die Dichtung
destil-

Liert (*wie Heißthiere*) (entlichten) (aber Kebs-

Spitzen) (aber Kebsgewächse) (*Juwelengefangenschaft* –


*Ebenendinge* // -- muß noch die brütenden (robbenden),

Muß die *brütenden Magnolien robben sehn* --


*(für Friederike Mayröcker)*

## Die Stellen die Leere zum
## ewigen Trank

               die Spiele der Vögel wegge-

Waschen; *im Grunde die See –*         und *Notspatzen,* wann
                                                          immer
Die Elster nah; die Bade, in heiliger Traufe, in das Licht,

*Heilige Schar – Tage des Wesens Wild;* diese Luft-

Brunnen (die oberste Kate); die Tauchgänge der Vögel in den
Zweigen *und Text – wilde Haferehe;* so rauschen die runden

Weichheiten *und Tage;*        (deine Augenlieder).. die inner-

Gesichtlichsten Ausreimungen; schönste

Spatzenfütterungen *von Roben und Pracht* im nahsten
Augennah in den Ästen; *so zungenküßten in den Bäumen sich die*

*Jungen Vögel – und Außenkrause des Baums*


                            die Regenverspeisung (dein
Augengesang)


                                *wo spannen die Vögel ihre*

*Regenfedern auf*

## Die Höhen und Tödten der Wasser (die brütenden Kehrungen)

in die Aug-

Kleidungen.. die *schwärmefächeren* An-

Küstungen.. oder *fischthekeschön* – eine *Fischthekewelt* (aber
*Seite der Meere*) – das Licht das die Augen füllt, das

Licht das sie bricht; *Palmenvögel* (oder (im Dunkeln notieren) die
allersüdlichste
Fliedermaus).. keine Boten, nur Wasser und Lappen
(Verschwimmungen vor

See) – die Schwalben übertragen.. und wen die Sonne hier er-

Sticht; habe (dieses Eiskolbennagen), habe (die
Sommererfrierungen!)

Im Restaurantschaufenster die traurigen Langusten *und Knebel*
*der Scheren*

Ihre Räuberleitern (Entklettern!) wieder und wieder
versuchen    *aber immer*
*Zurück in die Untergleitungen*    (*gesehen!*) --


steilster Tempel – die nachtseits (Schilfsschraube),
traumufers

Andersamtsamen Hände

*die ewigen Firste*

*Mit den vergenautesten Sonnenstichen umwinden --*

## So wohnt ein Kiesel nur an einem

                                      Anzimmern; in *Rhein und*

*Gleiten*; Hymne so gut wie Nebel; *Zustunde-*

*Kommen*; wie die dicke
Hummel sich in die Wolken *nicht verhebt..*

*Naschwerk*                  (alle Luftseite entlang) – das
                                                                  Zwischen-

Geschriebene der Regen; *Ausnachten..* Dar-
Liegen; Ausfrachten; und *frohschauerndste Rebe..* die
                                                                     *Aufschließungen*

*Des Schlüsselbeins*           (und Luft); (eine in dem anderen);
                                                                       – nachts
Die Schatten der Fledermaus (angehängte Fledermaus) / *das*
                                                                        *magnetische*

*Knie*


                                                                     (da, über dem Stege auch

*Versweilen diese Schaafe*)

                                    *(Für Franziska)*

### Die Schultern Gebirg

*Locken-*

*Raub!* – dies *wildernde*

Zehenmahl, diese
*Behautsamkeit*, diese Zufallerei von

*Schwärmen,*

*Augentellern* – Seh-

Nerven-
Tonsur – die *halslichsten*

Form-

Nehmungen – *Labgitter* (ergibt sich ver-

Fangen Bein in
Bein) – solche

Festliche

Fingerspitzen-
Nagerei – *Aar ist in Tränen ge-*

*Badet* (ein längs

Geöffneter Draht) // wir be-

Messen die Grate
Nur noch von oben


                                      das Herz in

Dem ich
Mich ergehe (die liebende

Gefahr)

### Die Nottriebe // Toten- / Fallpunkt der Vögel

die *Aufessungen*; rauhste

Kurve, raubste Stelle Haut; in dieser *stelzen*
Anderwald-, in dieser Ander-

*Wunderlichkeit* / meine Tunnelvolière (des Maße-

Nehmenden Augs); das Weiden (zer-
Brochener Weiden), das *Weide*, mit *weid*

*Offener Brust* – die Nachtkommata; schreck-

Lichtste Ab-
Zweige; und *Lachssalven (durch den ganzen Tag)* –

Die Kurve be-

Kriegen; Trauer ißt die
Trauer / so naschen die Vögel von den Bäumen –

*So Zungen und Horizont* –                (so blättert der

Wind im Wohnen –)


                                        wenn wir Hand in Hand

Schließe ich die
Augen, warte auf den Zusammenstoß

**In Tränen die Asche die
ewige Bewegtheit von Tropfen**

Zinne Regen

Wo die Biene *notbeschriftete* das
Fensterglas, das *Morgenreusen* des

Grüns / die Auffüllungen; keinen

Nachtverwandler; so Tränke; Schlaftal;

Dieses *quellende*
Inwaldgrün, dieses *räubere*
*Suppenblühn* (tuschende tintende

Nächte


               (ich hänge an deinem

Dunkellaut..) die schönste
Ader in meinem Aug        (.. *als ob sie es*

*Mit fließenden Gewässern sagen wollte*)

## Die wilden Luftdocks, -revier

Herzmund; der (zweie)

Flüssigwurf ins (auffalle) Ge-

Blätter (schwalbe Kartätsche ir-
Reparant); anfügendst *Band*.. grobe

Papiere; *Herzanstalten (machen)*; Herzan-

Halten machen.. *Luftkartell*; als

*Zusammenschuß* aller
Vereinzellter *Auf-*

*Führungen* (ins Licht) (streugelichtert) (streu-

Lichtend)
Ergibt sich (allermagnetischste Speiche)     *(: ist die Liebe, Land-*

*Schaft der Liebe: )*

*Eklektrizität*.. –


Die Pegel Puls,     (.. *Anstalten* machen)


(.. (.. Herzklappe))

**Gesang der Verzweigung / das  
venezianische Karussell**

                            Marmor der Biene (die roten

Augen von Liebe) – immer
Fangen die traurigen Netze – das liebe-

Stöhnende

Paar über dem streitenden

Paar (die Wolken von der Oberseite be-
Ernten) –

                         *die gestrengen Augen von Lilie*

**ist Holzfließen (das Silbern ein Verseen)**

    Elster rinnetanzt – / dann

(In die Naschkurve naschen) die

Flucht der beiden Hummeln *in der Donnerunterseit*
(Die Blüthe dem Regen überlassen..) – die Flucht der Fassaden

In die Dunkelheit des Nachmittags: der *ins Unendliche*
                gewaschene

Tag


      *mit einer wilden Mütze*


     (an jedes Fenster so vieles

Klopfen so vieles Insekt)

## Zum Mandelstaub den du gabst / kastanienähnliches Haus

                        obschon sie die Regen

Noch nicht gebunden haben; obschon die Wolken nicht
Anlegen wollen; obschon uns (jedes *Abendeigentum*) uns (das
                                                        Abendever-

Skelettiern) uns *Dunkel um Dunkel die Nachteule* be-

Zieht –

                                    Zug-

*Jahr* // daß *in Feldschönheit*, daß sich sehe, *gleiche und
Säe* (die Wogen kämmen die Wogen); (( *– was die flüsternden
                                                          Pappeln*

*Von den Windstimmen wissen* –

                        *im vollen August sterben und mit den

Entflammenden Holzen*

*Ron Winkler*

## ländliche Elegie

das Sendegerät dieses Tages
ist auf den Windkanal eingestellt.

\*

in den Weizenfeldern gewinnen
Andachtshalme an Geltung.

\*

über dem Land Pollenverschickung,
*gratuit* et *libre*.

\*

unverblümt lagern Blüten
ihre Aromen aus.

\*

einzelne Böen animieren knorrige Sträucher
zu verästelten Hymnen.

\*

in manchen Glockenblumen
schwingen Kirchenversuche.

*

die Katzen unverändert
per Sie mit ihrer Umgebung.

*

die Vögel sind überstimmt. sie beschließen
den Tag im *silent mode*.

*

um Mitternacht die Regionalhymne
der Frösche am Teich.

*Ron Winkler*

**an einem Wasser weder Fluss noch Teich**

Wind nötigt Bäumen Flagellationen auf –
ein Büßen erkennbar aus der Luft gegriffen.

zur Beruhigung muss man hinzufügen:
das Laub enthält keine Revolverblätter.

die Landschaft gediegen, als hätten
hier ausgiebig flämische Maler gelebt.

das Gras am Ufer scheint wie etwas
zwischen Hügelschwänen und Borstenvieh.

wahrscheinlich ist das betretene Grün
die Kehrseite eines diskreten Wesens.

ganz anders die unvermeidliche Fauna –
an erster Stelle die Lärmgruppe der Frösche.

wenn sie nicht tauchen, markieren sie
die Umgebung mit der Avantgarde ihrer Kehlen.

die Wellen sind leicht zu erkennen –
sie finden als Springformen ans Land.

in der Wechselzone wirken einige Meter
Schlick wie Watt pour l'art.

die Möwen wirken an nichts.
zu zweisilbig ihre Erscheinung.

wer hier badet, bewegt sich
wie ein Strich im Wasser.

**Provinz à la Trance**

Kühe hufen die Wiesen

sukzessive vergewissern sie sich ihres erstklassigen Sounds

darüber die Schwalben: scharfkantige Gardeflüge

aus dem Hintergrund liefern Pappeln Sommerschnee

hin und wieder Fugen ganz ohne Handlung

wie *scheu*

zu erwähnen vielleicht noch das Wetter: *warmplay*


alles entspricht nahezu seiner Lesart

die Brennnesselgruppen Schmerzreservoirs

das Licht ganz *Klopstock*

weitere Superlative sind noch nicht reif

obwohl man es fast erwartet

*die Behutsamkeit mit der der Regen falsch ist*

## diagnostischer Seeaufenthalt

ein flüchtiger Blick auf das Wasser genügt:
klassisches *Marinett* oder *Tango marino*.
Bojen markieren die Wellen als Jamben.

~

dem Vernehmen nach werden die Farben der See
gelegentlich überreizt.

~

das Wasser hingegen wirkt etwas dünn.

~

die Dinge stehen in Wettbewerb. zwei Strandkiefern
ringen um die ästhetischste Neigung.

~

unermüdlich die Brandung: man könnte meinen,
hier wird eine größere Schuld abbezahlt.

~

der Wind streicht über die See wie ein energischer Vater.

~

alles macht einen nachhaltigen Eindruck.
noch die Reiher am Ufer: fishing for consequence.

## Reede der Rede

du am Strand, in und als Galionspositur, vor dir eine Seele von Wasser. und mit dir ging ein Aufschäumen vor,
ein mit Treibsätzen kontaminierter Moment, unscharf
und treffend – weniger Farbe als Gischt. das war für jetzt
*most sea*. deine Küste. mit Salzbedienung.

**Insel, von Wind bewachsen**

die See schien agil
hydrogen, wie Bienensubstrat,
in Sichtweite frei möwende Vögel
auf der Suche nach stillem Futter, wir schrieben das
sofort ins Logtuch des Windes (Details
korrigierten wir später), auch die Wasserhalme
dieses Moments, eine Handvoll Wahnsinn
für diese windbewachsene Insel. das Hinterland
eine *typische Amokfläche*.
wie auch nicht.

## Bambuswinter, Paris

es war mehr als *touristisch*:
wie du auf dem Montmartre Schatten verlegtest,
unausgesetzt Kreuzgast auf der Place Sacre Cœur,
im Ornat einer atheistisch-sakralen Geste ..

da fehle noch Höhe, mehrere Schichten
Frühjahr, gewiss, und *Heimsprachigkeit*,
wie du es nanntest, was falsch war
wie dein Resümee an einen Garçon:
*ich hatte Schnee*, bitte zahlen, und hinunter-
geschluckt: abgebissene Sprache.

das Trinkgeld ging dann an die Trinker
von Saint Pigalle, vor ihre Hunde,
für den Kosegeruch in den Straßen,
wachs- und waschmittelähnlich,
der deinen einspurigen Auftritt
umspülte, gezielt, aber

weniger nachweisbar
als der nachwachsend sahelfarbene Eindruck
der Stadt in einem der hiesigen Bambuswinter,
aus denen du Stäbe brachst
für Spinnennetztage.

## Hitze (Hitzacker)

am Horizont Gallwetter, Gewitterheide –
die Saatkrähen tief, darunter ein Saatgähnen spürbar
und groß und ich ließ im Sputen eine *Unordnung
Schatten* zurück, wie Hilfsgeräusche
für die bevorstehende Rain-(etc)-reinigung.
das *gliederte* kaum, jede Sekunde drückte
aufs Barometer, und als du sagtest: *Himmel
ist meine Lieblingsbar* (oder so ähnlich),
schäumte ganz nah so etwas wie Stimmen
vorbei: Feldlerchen, Ackergelächter.

**einem Dorf im Schatten der Elbe**

von *Storch* gibt es hier zwei Editionen.
die Existenzform *Frosch* betreibt ein Lautaggregat.
es knirscht auf den Ohren, läuft aber gut.
die verschiedenen Varianten von *Katze* laufen schlechter.
das hier ist auch kein Catwalk. hier koppeln Pferde
um Aufmerksamkeit. und jäh finden sich Zaunkönige
als Zaungäste wieder.

**Wespenmantel**

ich schlage vor, ein Ohr gegen den Sommer zu halten,
diese hitzige Pollenvergabe, von Insekteninseln
benistet, also ich finde das äußerst *Wespenmantel*,
schwirrend in die Luft *phonographiert*, manchmal
leider, wenn eine *Bestechung* die Haut zu
einem lang anhaltenden Song inspiriert.

**the poem has been drinking**

unter anderem Maikäfergegenwart, so ein Taumeln
im Gewand freundlich gebräunter Mönche. und
weil derzeit Mai ist, auch Raps, ganze Felder,
ganze Geruchslandschaften, ölig und schal,
aber aufdringlichst gelb, nahezu *überfarbig*.
(nicht ich – das Gedicht.) in einer Storchpause
säen die Vögel noch deutlicher Zwitschern. belauert
von der Vorsichtigkeit der ansässigen Katzen.
das ist wohl so üblich. wie die Fledermäuse
am Abend: schlicht *häutiges Fliegen*. auch
*Kuh* hat das Gedicht zu sich genommen,
ein oder zwei Promille.

*für Friederike von Koenigswald*

## Autorinnen und Autoren

*Gyde Callesen*
Geboren 1975 in Flensburg; Schriftstellerin; Studium der Germanistik, Philosophie und Biologie in Aachen und Hannover; promoviert über die Lehrbarkeit des Schreibens zwischen Geniekult und Empirismus; Mitglied im Verband deutscher Schriftsteller und im Bundesverband junger Autoren; Ausbildung in diversen Tanzrichtungen; Lehraufträge an der Universität Hannover; Leitung von Schreibwerkstätten in Hannover und Bremen; Lektorat ungarischer Bücher; Beteiligung an interdisziplinären Kunstprojekten, u.a. »Fantastische Baustelle« (gefördert durch FLUXUS und BMBF); Veröffentlichungen in Anthologien und Zeitschriften, Lesungen und Radiosendungen in In- und Ausland, intensive Auseinandersetzung mit Fotografie. Buchveröffentlichungen: Augenblicke – Blickwinkel. Lyrische Perspektiven (Gedichte), Wiesenburgverlag: Schweinfurt 2001; Jenseits des Kommas (Gedichte), Wiesenburgverlag: Schweinfurt 2002; Maya mein Mädchen (Roman), Wiesenburgverlag: Schweinfurt 2003; Der Fluss unter dem Fluss (Gedichte), Wiesenburgverlag: Schweinfurt 2004.

*Renatus Deckert*
Geboren 1977 in Dresden, lebt in Berlin. Studium der Literatur und Philosophie in Hamburg, Berlin und Paris. Mitherausgeber der Literaturzeitschrift Lose Blätter, Berlin. Publikation von Lyrik u.a. in: Sinn und Form, Neue Deutsche Literatur, Das Gedicht, sowie in der Anthologie: Lyrik von Jetzt, 2003 herausgegeben von Björn Kuhligk und Jan Wagner. Veröffentlichung von Essays und Gesprächen über Lyrik u.a. in: Merkur, Sinn und Form, Neue Deutsche Literatur, Lose Blätter.

*Sabine Eschgfäller*
1976 in Meran (Italien) geboren. 1995-1999 Geschichts- und Germanistikstudium an der Universität Innsbruck. 1998 Literaturstipendi-

um der Stadt Schwaz (Schwazer Stadtschreiberin). 2001 Gewinn des Autorenwettbewerbs Schwazer Silbersommer (Kurzprosa). 2005 Finalistin beim Leonce-und-Lena-Preis der Stadt Darmstadt. Seit 2001 Lektorin für österreichische Literatur an der Palacký-Universität Olomouc (Tschechien). Veröffentlichungen in: Lose Blätter, V, Mitteilungen aus dem Brenner-Archiv, ersatzlos gestrichen, Der Mongole wartet, Zeilengitter. Veröffentlichung von literaturwissenschaftlichen Aufsätzen.

*Karin Fellner*
Geboren 1970 in München, lebt dort. Studium der Germanistik, Komparatistik und Amerikanistik (M. A.). Freie Lektorin, Redakteurin und Sprachlehrerin für Englisch und Deutsch. Gedichtveröffentlichungen in Anthologien und Zeitschriften, zuletzt in: Himmelhoch jauchzend, zu Tode betrübt. Poesie für alle Liebeslagen, herausgegeben von Anton G. Leitner, dtv, München 2004.

*Gerald Fiebig*
Geboren 1973, lebt in Augsburg. Veröffentlichte die Gedichtbände geräuschpegel (2005), zweistromland (mit Ibrahim Kaya, 2004), erinnerungen an die 90er jahre (2002), normalzeit (2002) und kriechstrom (1996) sowie mehrere CDs. Dem Band geräuschpegel wurden mit freundlicher Genehmigung des yedermann Verlags, Riemerling, folgende Texte entnommen: »dub«, »echolalie«, »richtmikrofon«, »london-by-the-sea«, »weiße nacht« und »raufaser«.

*Andrea Heuser*
Geboren 1972 in Köln, studierte Germanistik, Politik und Vergleichende Religionswissenschaften in Köln und Bonn, lebt heute in München. Promotion über die deutsch-jüdische Gegenwartsliteratur. 2004 gründete sie mit Dr. Martin Hielscher (Verlag C.H. Beck) die Autorenwerkstatt für Lyrik & Prosa, die ab 2005 am Münchener Lyrik-Kabinett stattfinden wird. Seit 2004 Leiterin des Projektes »Lust auf Lyrik. Gedichte an Schulen« zusammen mit Axel Sanjosé im Auftrag des Lyrik-Kabinetts München. Literarische Arbeiten im Bereich Lyrik, Prosa, Libretto und Musiktheater. Lyrik-Veröffentlichungen in Zeitschriften und Anthologien, u.a. in der edition DAS GEDICHT; der Reihe dtv/hanser; Libri-BoD.

*Autorinnen und Autoren*

*Hendrik Jackson*
1971 geboren, lebt in Berlin. Lyriker, Übersetzer, Mitinitiator diverser Lesungen und Aktionen (u.a. Lyrikspartakiade und »Liaison für ahnungsvolle Umtriebe«) sowie Herausgeber und Essayist. Außerdem verantwortlich für www.lyrikkritik.de. Publikationen in verschiedenen Zeitschriften, zuletzt »Pastichen und Poetik« in: Zwischen den Zeilen und EDIT. Außerdem: brausende bulgen – 95 Thesen über die Flußwasser in der menschlichen Seele, edition per procura: Wien/Lana 2004; Marina Zwetajewa – Poem vom Ende/Neujahrsbrief, Übersetzung aus dem Russischen mit einem Nachwort versehen, edition per procura: Wien/Lana 2003; einflüsterungen von seitlich – Gedichtband, Morpheo Verlag: Berlin 2001.

*Adrian Kasnitz*
Geboren 1974, aufgewachsen in Queetz und Lüdenscheid, Studium der Geschichte, Germanistik und Romanistik in Köln und Prag, lebt als Schriftsteller, Herausgeber und Wissenschaftler in Köln. Veröffentlichungen: Die Maske. Und zwei weitere Geschichten, Sukultur: Berlin 2004; Reichstag bei Regen, Lyrikedition 2000: München 2002; Lippenbekenntnisse, parasitenpresse: Köln 2000; Bier & Schläge, herausgegeben von Stan Lafleur und Adrian Kasnitz, parasitenpresse: Köln 2003; Agenten. Gedichte, herausgegeben von Wassiliki Knithaki und Adrian Kasnitz, parasitenpresse: Köln 2001; darüber hinaus in zahlreichen Anthologien (z. B. Lyrik von jetzt, Das Klirren im Innern) und Zeitschriften (z. B. EDIT, intendenzen, ndl, Zeichen & Wunder).

*Jörg Matheis*
Geboren 1970 in Altenglan/Pfalz, lebt in Ingelheim am Rhein und arbeitet seit Beendigung des Studiums (Germanistik, Philosophie, Politikwissenschaften) im Kommunikationsbereich einer Bank. 2003 erschien das Debüt mit Erzählungen Mono bei C.H. Beck, ausgezeichnet mit dem Förderpreis zum Bremer Literaturpreis, dem Hermann-Lenz-Stipendium und dem Sonderpreis der Jury »Buch des Jahres Rheinland-Pfalz«. Weitere Erzählungen wurden mit dem Georg K. Glaser-Preis des Ministeriums für Kultur Rheinland-Pfalz und des Südwestfunks Mainz, dem Martha Saalfeld-Preis des Ministeriums für Kultur Rheinland-Pfalz und dem Förderpreis des Eifel

Literatur Festivals ausgezeichnet. Autorenstipendium der Stiftung Niedersachsen 2005. Jörg Matheis wurde für den 7. Open Mike-Wettbewerb der literaturwerkstatt berlin 1999 und den Ingeborg-Bachmann-Preis der Klagenfurter Literaturtage 2002 nominiert.

*Christian Schloyer*
Geboren 1976 in Erlangen. Abitur in Gunzenhausen (Westmittelfranken). Studium der Philosophie, Germanistik, Theaterwissenschaft in Erlangen. Seit 1993 literarisches Schreiben (Fantasyroman, unveröffentlicht). Mitbegründer der Autorengruppe Wortwerk Erlangen/Nürnberg (2000). Förderpreis der Kulturläden der Stadt Nürnberg (2003). 1. Preisträger des 12. Open Mike (2004). Publikationen in Zeitschriften und Anthologien. Letzte Veröffentlichungen (2005) in: Neue Rundschau, herausgegeben von Hans Jürgen Balmes, Jörg Bong und Helmut Mayer, und in: Grün pflanzen. Natur, Lyrik, herausgegeben von Anton G. Leitner.

*Katharina Schultens*
Geboren 1980 in Kirchen (Rheinland-Pfalz), aufgewachsen in Betzdorf. Studium »Kreatives Schreiben und Kulturjournalismus« in Hildesheim seit 1999. 2001-2002 Studium in St. Louis/USA, 2003-2004 in Bologna/Italien. Das Lyrikdebüt Aufbrüche erschien 2004 mit einem Nachwort von Arnold Stadler im Rhein-Mosel-Verlag.

*Mikael Vogel*
Geboren 1975 in Bad Säckingen. 1994 Aufbruch und Beginn einer neuen, einer ausschließlichen Schreibexistenz; sechs Jahre Arbeit an einer umfangreichen ersten Prosa: Seelensturm. Im Jahr ihres Abschlusses weitere Prosaarbeiten, dann Gedichte. Seit 2000 fast ausnahmslos Gedichte. Erste Veröffentlichung 2001 in der Zeitschrift manuskripte. 2002 Hermann-Lenz-Stipendium. Kürzere Aufenthalte in Amerika, Paris, Saarbrücken, ab 1996 Freiburg, seit 2003 Berlin. Lyrikübersetzungen vor allem aus dem Englischen, u.a. Sylvia Plaths »Ariel« und weitere späteste Gedichte, und T. S. Eliots »Wüstes Land«.

*Ron Winkler*
Geboren 1973, lebt in Berlin und Jena. Verschiedene Auszeichnungen. 2000 und 2004 Arbeitsstipendien des Landes Thüringen. 2002 Stipendium zum Klagenfurter Literaturkurs. 2003 Stipendium der Stiftung KulturFonds mit Aufenthalt im Künstlerhaus Lukas in Ahrenshoop. 2004 Arbeitsstipendium der Stiftung KulturFonds, Aufenthaltsstipendium des Landes Niedersachsen im Künstlerhof Schreyahn. 2005 Aufenthaltsstipendium des Landes Schleswig-Holstein im Künstlerhaus Kloster Cismar. 2005 Leonce-und-Lena-Preis. Herausgeber der Literaturzeitschrift intendenzen. Einzeltitel: Morphosen. Texte, edition sisyphos: Köln 2002, und vereinzelt Passanten. Gedichte, KOOKbooks: Berlin 2004.

# Lektorat

*Fritz Deppert*
Geboren am 24. Dezember 1932 in Darmstadt. Evangelisch, verheiratet mit Gabriele, geb. Döhner. Zwei Söhne. – Gymnasium Darmstadt. Universität Frankfurt am Main (Germanistik/Philosophie). Präsident der »Kogge«, Mitglied des P.E.N., Merckehrung 1996. Lehrauftrag an der TU Darmstadt für »kreatives Schreiben«.
Bibliographie: Hörspiele; Übersetzungen von Kinderbüchern; Atemholen. Gedichte, 1974; Heutige Gedichte, wozu?, 1974; Holzholen. Prosa, 1970; Herausgabe von Anthologien; Gegenbeweise. Gedichte, 1980; Wir, Ihr, Sie. Gedichte, 1981; Mitautor an Darmstadts Geschichte, 1980; Atempause. Gedichte, 1981; In Darmstadt bin ich. Gedichte und Prosa, 1982; Zeit-Gedichte, 1983; Linien. Gedichte, 1987; Mit Haut und Haar. Gedichte, 1987; Bewegte Landschaft. Haikus, 1988; Dreh dich doch um. Gedichte, 1990; Mitherausgabe der Darmstädter Anthologie Kopflauf, 1990; Gegengewichte. Gedichte, 1992; Länger noch als tausend Jahr. Roman, 1993; Kurzschriften, Aphorismen, 1993; Rosen schenk ich Dir. Haikus, 1994; Zeitkonzert. Gedichte, 1995 – als CD 1996; Gezählte Tage. Gedichte, 1998; Aforyzmy, Warschau 1998; Herausgabe der Erzählungen Wolfgang Weyrauchs: Das war überall, 1998; Zerstörung und Kapitulation, Darmstadt 1944 und 1945, Darmstädter Dokumente, Nr. 17, 2002; Gesang aus dem Papierkorb. Prosa, Darmstadt 2002; Fundsachen. Gedichte, Darmstadt 2002; Regenbögen zum Hausgebrauch. Gedichte, Bielefeld 2003.

*Christian Döring*
Geboren 1954 in Berlin. Studium der Philosophie und journalistische Tätigkeit. 1987-1997 Lektor für deutschsprachige Gegenwartsliteratur im Suhrkamp Verlag. Seit 1997 Programmleitung Literatur beim DuMont Buchverlag Köln.

Veröffentlichungen zur Gegenwartsliteratur und anthologische Arbeiten: Schöne Aussichten. Neue Prosa aus der DDR; Erste Einsichten. Neueste Prosa aus der Bundesrepublik (Frankfurt am Main 1990, Mitherausgeber Hajo Steinert); Deutschsprachige Gegenwartsliteratur – Wider ihre Verächter; Lesen im Buch der edition suhrkamp (beide Frankfurt am Main 1995); Etwas das zählt. Deutschsprachige Literatur der achtziger Jahre. Ein Lesebuch; Aufbruchstimmung. Deutschsprachige Literatur der neunziger Jahre. Ein Lesebuch (beide Bertelsmann Club 1995/1996).

*Hanne F. Juritz*
Geboren 1942 in Straßburg, lebt als Schriftstellerin in Dreieich/Hessen. 1972 Leonce-und-Lena-Preis für Lyrik; 1978 Georg-Mackensen-Preis für die beste deutsche Kurzgeschichte; 1979 Preis der Schüler zum deutschen Kurzgeschichtenpreis; 1981-83 Stadtschreiberin von Offenbach/Main; 1993 Kulturpreis des Kreises Offenbach/Main.

Bibliographie: Nach der ersten Halbzeit. Gedichte, 1973; Tandem 1, Hrsg., 1974; Nr. 2. Gedichte, 1975; Flötentöne. Gedichte, 1975; Landbeschreibung. Gedichte, 1975; Gedistel. Texte, 1975; Tandem 2, Hrsg., 1976; Spuren von Arsen zwischen den Bissen. Gedichte, 1976; Dichterburg Dichterkeller, Dichterberg Dichterhain. Prosa, 1976; Vorzugsweise: wachend. Gedichte, 1976; Schlüssellöcher. Gedichte, 1977; Ein Wolkenmaul fiel vom Himmel. Gedichte, 1978; Tandem 3, Hrsg., 1978; ...einen Weg zu finden. Gedichte, 1980; Hommage à Marcel Marceau. Gedichte, 1980; Die Unbezähmbarkeit der Piranhas. Gesammelte Erzählungen, 1982; Der weiche Kragen Finsternis. Gedichte, 1983; Gelegentlich ist Joe mit Kochsalz unterwegs. Gedichte, 1985; Die Nacht des Trommlers. Gedichte, 1986; Verwehung im Park. Gedichte, 1988; Sieben Wunder! Gedichte, 1991; Blicke eines Freundes. Gedichte, 1993; Carolines Feuer. Erzählung, 1994; E. A. (épreuve d'artiste). Gedichte, 1995; ZeitSprung. Gedichte, 1996; Kein Programm ohne Schußwechsel. Gedichte, 1999; Von den Ismen. Traktat 2001; Sperren. Kurzprosa 2002; Chapeau Claque, Gedichte 2004; Kurzgeschichten, Gedichte und Essays in ost- und westeuropäischen und amerikanischen Literaturzeitschriften. Zahlreiche Beiträge in Anthologien; viele Texte wurden in mehrere Sprachen übersetzt, u. a. ins Englische, Französische und Polnische. Arbeiten für Film und Funk.

# *Jury*

*Moderator:*
*Wilfried F. Schoeller*
Geboren 3. Juli 1941 in Illertissen/Schwaben. Studium der Germanistik, Kunstgeschichte, Philosophie und Geschichte an der Universität München. 1965-1970 Verlagslektor; seit 1972 Literaturredakteur beim Hessischen Rundfunk. 1994-2002 Leiter der Abteilung »Aktuelle Kultur« im Fernsehen des Hessischen Rundfunks. Heute freier Publizist in Frankfurt am Main und Bremen. Honorarprofessor an der Universität Bremen. – Buchveröffentlichungen: Die neue Linke nach Adorno (Hrsg.), 1969; Schubart. Leben und Meinungen eines schwäbischen Rebellen, 1979; Heinrich Mann. Bilder und Dokumente, 1990; Gesammelte Werke Oskar Maria Graf, 16 Bde. (Hrsg.); Tagebücher Klaus Mann (Mithrsg.); Abschied von Bitterfeld (zus. mit Martin Schoeller); Michael Bulgakow – eine Monographie, 1996; Nach Berlin! – Reportagen, 1999; Die Kinder von Guernica. Deutsche Schriftsteller zum Spanischen Bürgerkrieg. Reportagen, Erinnerungen, Kommentare (Hrsg.), 2004; Ferdinand Hardekopf. Wir Gespenster. Dichtungen (Hrsg.), 2004. – Zahlreiche Literaturfilme, Hörspiele, Literaturkritik, Ausstellungen. Alfred-Kerr-Preis für Literaturkritik, 1990.

*Sibylle Cramer*
Jahrgang 1941. Literaturkritikerin, Essayistin. In Berlin lebend.

*Kurt Drawert*
Geboren 1956 in Hennigsdorf (Brandenburg). Kindheit in Borgsdorf und Hohen-Neuendorf (bei Berlin). 1967 Umzug nach Dresden. Dort Ausbildung zum Facharbeiter für Elektronik, später Abitur auf der Abendschule. Mehrere Hilfsarbeiterschaften, u.a. in einer Bäckerei, bei der Post, mehrere Jahre bei der Sächsischen Landesbibliothek in Dresden und in einem Jugendklubhaus. 1982-1985 Studium am Insti-

tut für Literatur in Leipzig, 1984 Umzug nach Leipzig. Freier Autor seit 1986. Umzug nach Osterholz-Scharmbeck (bei Bremen) 1993. 1995/1996 Aufenthalt in Rom. Umzug nach Darmstadt.

Buchveröffentlichungen u. a.: Zweite Inventur. Gedichte, Aufbau Verlag: Berlin und Weimar 1987; Privateigentum. Gedichte, Suhrkamp Verlag: Frankfurt am Main 1989; Spiegelland. Ein deutscher Monolog. Roman, Suhrkamp Verlag: Frankfurt am Main 1992; Haus ohne Menschen. Zeitmitschriften. Essays, Suhrkamp Verlag: Frankfurt am Main 1993; Fraktur. Prosa, Lyrik, Essay. Reclam Verlag: Leipzig 1994; Alles ist einfach. Stück in sieben Szenen. Suhrkamp Verlag: Frankfurt am Main 1995; Revolten des Körpers. Essays, Edition Solitude: Stuttgart 1995; Wo es war. Gedichte, Suhrkamp Verlag: Frankfurt am Main 1996; Steinzeit. Theaterstück und Prosa, Suhrkamp Verlag: Frankfurt am Main 1999; Rückseiten der Herrlichkeit. Texte und Kontexte. Essays, Suhrkamp Verlag: Frankfurt am Main 2001; Nacht. Fabriken. Hauser-Material und andere Prosa, Edition Korrespondenzen: Wien 2001; Reisen im Rückwärtsgang. Zwei Dichter unterwegs mit der transsibirischen Eisenbahn. zus. mit Blaise Cendrars, Arche Verlag: Zürich und Hamburg 2001; Frühjahrskollektion. Gedichte, Suhrkamp Verlag: Frankfurt am Main 2002; Emma. Wege. Ein Flaubert-Essay, Edition Sonderzahl: Wien 2005.

Herausgaben u. a.: Die Wärme die Kälte des Körpers des Andern. Liebesgedichte junger Autoren, Aufbau Verlag: Berlin und Weimar 1988; Wenn die Schwermut Fortschritte macht. Eine Karl-Krolow-Werkauswahl, Reclam Verlag: Leipzig 1990, NA: 1993; Das Jahr 2000 findet statt. Schriftsteller im Zeitenwechsel. Essays, Suhrkamp Verlag: Frankfurt am Main 2000; La Poésie Allemande Contemporaine, Seghers: Paris 2001; Lagebesprechung. Junge deutsche Lyrik. Suhrkamp Verlag: Frankfurt am Main 2001; Karl Krolow. Im Inneren des Augenblicks. Gedichte, gelesen vom Autor, Der Hörverlag: München 2002.

Theaterstücke und Hörspiele: Alles ist einfach. Stück in sieben Szenen. UA: Staatstheater Darmstadt 1996; Steinzeit. Lustspiel. UA: Staatstheater Darmstadt 1999; Still vergeht die Zeit. Hörspiel, US: Radio DDR 1988; Nirgendwo tot sein, Emma. Fragment. Hörspiel, US: Mitteldeutscher Rundfunk1991; Gedichte. Gedichte, Feature, US: Radio Bremen 1994; Alles ist einfach. Hörspiel, US: DeutschlandRadio Berlin 1996; Nach Osten ans Ende der Welt. Funkessay, Bayerischer Rundfunk 2000; in Vorbereitung: Monsieur Bovary. Szenen. Wege. Bilder. Theaterstück, Essay und Fotografie.

Literaturkritiken und Essays vor allem für die Neue Zürcher Zeitung. Literarische Beiträge vor allem in: AKZENTE, SINN UND FORM, THEATER DER ZEIT. Übersetzungen u.a. von: A. R. Ammons; S. Kosovel; A. Puschkin; W. Shukowski; W. Szlengel.

Preise u. a.: Leonce-und-Lena-Preis der Stadt Darmstadt, 1989; Förderpreis der Jürgen-Ponto-Stiftung, 1991; Lyrikpreis Meran, Italien, 1993; Ingeborg-Bachmann-Preis, Klagenfurt, 1993; Uwe-Johnson-Preis, 1994; Rom-Preis der Villa Massimo für 1995/1996; Nikolaus-Lenau-Preis, 1997; Arno-Schmidt-Stipendium, 2000/2001; Ehrengabe der Deutschen Schillerstiftung, 2001.

*Jan Koneffke*
Geboren 1960 in Darmstadt. Wuchs in Neu-Isenburg und Braunschweig auf. Ab 1881 Studium in an der FU Berlin, Magisterabschluß 1987. 1995 ging er mit einem Villa-Massimo-Stipendium nach Rom, wo er anschließend sieben weitere Jahre verbrachte und u.a. als Kulturkorrespondent für Zeitungen und Rundfunk arbeitete. Seit Mai 2003 lebt er als freier Schriftsteller, Publizist und Mitherausgeber der Zeitschrift Wespennest abwechselnd in Wien und Bukarest.

Jan Koneffke schreibt Lyrik, Romane, Kinderbücher, Rundfunkfeatures und Essays. Er wurde mit zahlreichen Preisen und Stipendien ausgezeichnet, u.a. Leonce-und-Lena-Preis, Peter-Suhrkamp-Stipendium, Friedrich-Hölderlin-Förderpreis, Rom-Preis der Villa Massimo, Bamberger Poetik-Professur, Offenbacher Literaturpreis.

Er veröffentlichte zuletzt: Paul Schatz im Uhrenkasten. Roman, DuMont: Köln 2000. Was rauchte ich Schwaden zum Mond. Gedichte, DuMont: Köln 2001. Nick mit den stechenden Augen. Gruselgeschichte für Kinder, Reihe Hanser/dtv: München 2004. Eine Liebe am Tiber. Roman, DuMont: Köln 2004.

*Brigitte Oleschinski*
Geboren 1955 in Köln, Dr. phil. Lebt in Berlin. Studium der Politischen Wissenschaft an der Freien Universität Berlin und langjährige Arbeit als Zeithistorikerin. Mitbegründerin des Dokumentations- und Informationszentrums Torgau zu den Haftstätten des Wehrmachtstrafsystems und der sowjetischen Speziallager am Ort. Seit

Mitte der achtziger Jahre Gedichte und Essays zur Poetik von Gedichten, Auftritte bei internationalen Festivals, Gastdozenturen, Internetprojekte.

Buchveröffentlichungen (Auswahl): Reizstrom in Aspik. Wie Gedichte denken, DuMont Literatur und Kunst Verlag: Köln 2002; Your Passport is Not Guilty. Gedichte, Rowohlt Verlag: Reinbek 1997; Die Schweizer Korrektur, zusammen mit Durs Grünbein und Peter Waterhouse, Urs Engeler Editor: Basel 1995 (auch als CD: Mehr ein Hören als ein Gebäude); Mental Heat Control. Gedichte, Rowohlt Verlag: Reinbek 1990.

Auszeichnungen (Auswahl): 2001 Ernst-Meister-Preis der Stadt Hagen; 1998 Peter-Huchel-Preis des Südwestfunks; 1998 Bremer Literaturförderpreis; 1990 Förderpreis zum Berliner Literaturpreis

*Raoul Schrott*
1964 geboren, lebt in Irland, Dichter.

# Ehrengast und Laudator

*Joachim Sartorius*
Geboren 1946 in Fürth, wuchs in Tunis auf und lebt heute, nach langen Aufenthalten in New York, Istanbul und Nicosia, in Berlin. Seit 2001 leitet er die Berliner Festspiele. Nach abgeschlossenem juristischen Studium zwölf Jahre im Auswärtigen Dienst tätig (1973-1986), danach als Berater für die europäische Kulturpolitik in Brüssel, acht Jahre Leiter des Künstlerprogramms des DAAD (Deutscher Akademischer Austauschdienst) und vor seiner Berufung als Intendant der Berliner Festspiele von 1996 bis 2000 Generalsekretär des Goethe-Instituts in München.

Lyriker und Übersetzer amerikanischer Literatur. Veröffentlichte fünf Gedichtbände (Sage ich zu wem, 1988; Der Tisch wird kalt, 1992; Keiner gefriert anders, 1996; In den ägyptischen Filmen, 2000; Ich habe die Nacht, 2003) und zahlreiche in Zusammenarbeit mit Künstlern entstandene Bücher wie Vakat (mit Nan Goldin), The Golden Tower (mit James Lee Byars), Einszueins (mit Horst Antes) und Aus dem Augenrund (2000, mit Emilio Vedova). Sein lyrisches Werk wurde in zahlreiche Sprachen übersetzt. Er ist Herausgeber der Werkausgaben von Malcolm Lowry und William Carlos Williams sowie der Anthologien Atlas der neuen Poesie (1995), Minima Poetica (1999) und Alexandria Fata Morgana (2001).

1998 erhielt er für seine Übersetzungen amerikanischer Lyrik den Paul-Scheerbart-Preis. Stipendien der Rockefeller Foundation und des Collegium Budapest. Mitglied des PEN und der Deutschen Akademie für Sprache und Dichtung. Gastprofessor an der Universität der Künste Berlin.

*Péter Nádas*
Péter Nádas, Erzähler, Dramatiker, Essayist und Fotograf, wurde 1942 in Budapest geboren. Seine berufliche Laufbahn begann er 1961 als Fotoreporter für das Frauenmagazin Nök Lapja. Nach zwei-

jährigem Militärdienst arbeitete er ab 1965 als Journalist bei der Tageszeitung Pest Megyei Hirlap, kam jedoch immer stärker in Konflikt mit den Leitlinien der offiziellen Berichterstattung, bis er 1968 die journalistische Arbeit aufgab und sich als freier Schriftsteller aufs Land zurückzog. Da er bis 1977 auf Grund der Zensur keinen Verlag für seine Werke fand, arbeitete er neben der schriftstellerischen Tätigkeit noch für verschiedene Zeitschriften. Auf Einladung des DAAD lebte Péter Nádas 1981 ein Jahr in Deutschland. Für seinen großen Roman Buch der Erinnerung (1986, dt. 1991) wurde er u.a. mit dem Österreichischen Staatspreis für Europäische Literatur (1991), dem französischen Prix du Meilleur Livre Étranger und dem Leipziger Buchpreis zur Europäischen Verständigung (1995) ausgezeichnet. Péter Nádas lebt in Gombosszeg und Budapest.

Publikationen (Auswahl): Freiheitsübungen und andere kleine Prosa (Berlin Verlag, erscheint Herbst 2005). Der eigene Tod, (2002). Die schöne Geschichte der Fotografie (Berlin Verlag, 2001). Etwas Licht (1999). Heimkehr. Essays (1999). Ohne Pause. Drei Theaterstücke (1999). Minotauros. Erzählungen (1997). Liebe. Eine Erzählung (1996). Der Lebensläufer (1995). Von der himmlischen und der irdischen Liebe (1994).

# Leonce-und-Lena-Preis
# 1968-2005

## PreisträgerInnen

**1968**
Wolf Wondratschek

**1969**
Katrine von Hutten

**1972**
Hanne F. Juritz

**1973**
Harry Oberländer

**1975**
Rita Breit

**1977**
Friederike Roth
Anno F. Leven

## PreisträgerInnen

**1979**
*Leonce-und-Lena-Preis*:
Ludwig Fels, Rolf Haufs,
Ralf Malkowski
*Arbeitsstipendium*:
Anna Jonas

**1981**
*Leonce-und-Lena-Preis*:
Ulla Hahn
*Arbeitsstipendien*:
Renate Fueß,
Tina Stotz-Stroheker

**1983**
*Arbeitsstipendien*:
Wolf-Dieter Eigner,
Klaus Hensel, Barbara Maria Kloos,
Rainer René Müller

## Ehrengäste und Laudatoren

*Ehrengast*:
Karl Krolow
*Laudatorin*:
Hilde Domin

*Ehrengast*:
Ernst Jandl
*Laudator*:
Peter Horst Neumann

*Ehrengast*:
Peter Horst Neumann
*Laudator*:
Rolf Michaelis

## 1985
*Leonce-und-Lena-Preis:*
Hans-Ulrich Treichel
*Arbeitsstipendien:*
Hansjörg Schertenleib,
Sabine Techel

*Ehrengast:*
Günter Kunert
*Laudator:*
Karl Krolow

## 1987
*Leonce-und-Lena-Preis*:
Jan Koneffke
*Arbeitsstipendien:*
William Totok, Michael Wildenhain,
*Sonderpreis politisches Gedicht:*
Richard Wagner

*Ehrengast:*
Peter Rühmkorf
*Laudator:*
Michael Naura

## 1989
*Leonce-und-Lena-Preis:*
Kurt Drawert
*Arbeitsstipendien:*
Lioba Happel, Durs Grünbein,
Rainer Schedlinski

*Ehrengäste:*
Elisabeth Borchers,
Marcel Reich-Ranicki
*Laudator:*
Gert Ueding

## 1991
*Leonce-und-Lena-Preis:*
Kerstin Hensel
*Förderpreise:*
Dirk von Petersdorff,
Barbara Köhler

*Ehrengast:*
Peter Härtling
*Laudatorin*:
Elsbeth Pulver

## 1993
*Leonce-und-Lena-Preis:*
Kathrin Schmidt
*Förderpreise:*
Dieter M. Gräf,
Ludwig Steinherr

*Ehrengast:*
Volker Braun
*Laudator:*
Thomas Rothschild

## 1995
*Leonce-und-Lena-Preis:*
Raoul Schrott
*Förderpreise:*
Ulrike Draeser, Thomas Gruber,
Christian Lehnert

*Ehrengast:*
Friederike Mayröcker
*Laudator:*
Klaus Kastberger

## 1997
*Leonce-und-Lena-Preis:*
Dieter M. Gräf
*Wolfgang-Weyrauch-Förderpreise:*
Franzobel, Andreas Altmann

*Ehrengast:*
Michael Krüger
*Laudator:*
Herbert Heckmann

## 1999
*Leonce-und-Lena-Preis:*
Raphael Urweider
*Wolfgang-Weyrauch-Förderpreise:*
Henning Ahrens, Nicolai Kobus,
Anja Nioduschewski

*Ehrengast:*
Christoph Meckel
*Laudator:*
Wolfgang Held

## 2001
*Leonce-und-Lena-Preis:*
Silke Scheuermann
Sabine Scho
*Wolfgang-Weyrauch-Förderpreise:*
Mirko Bonné, Maik Lippert,
Hendrik Rost

*Ehrengast:*
Thomas Kling
*Laudator:*
Hubert Winkels

## 2003
*Leonce-und-Lena-Preis:*
Anja Utler
*Wolfgang-Weyrauch-Förderpreise:*
Marion Poschmann
Nico Bleutge

*Ehrengast:*
Oskar Pastior
*Laudator*
Thomas Kling

## 2005
*Leonce-und-Lena-Preis:*
Ron Winkler
*Wolfgang-Weyrauch-Förderpreise:*
Karin Fellner
Hendrik Jackson

*Ehrengast:*
Joachim Sartorius
*Laudator:*
Péter Nádas